ValueGo 金融科技实验室出品

BIG

大数据与互联网公司估值 精选案例分析

DATA

and the Valuation of Internet Companies

Selected Case Analysis

陈玉罡 刘彧 莫昕 等 著

东北财经大学出版社 Dongbei University of Finance & Economics Press 大连

图书在版编目（CIP）数据

大数据与互联网公司估值：精选案例分析 / 陈玉罡等著．—大连：东北财经大学出版社，2019.1
ISBN 978-7-5654-2553-0

Ⅰ．大…　Ⅱ．陈…　Ⅲ．数据处理-应用-互联网络-上市公司-估价-案例-汇编-中国　Ⅳ．F279.244.4-39

中国版本图书馆CIP数据核字（2018）第295475号

东北财经大学出版社出版发行

大连市黑石礁尖山街217号　邮政编码　116025

网　址：http：//www.dufep.cn

读者信箱：dufep @ dufe.edu.cn

大连市东晟印刷有限公司印刷

幅面尺寸：170mm×240mm　字数：191千字　印张：13.5

2019年1月第1版　2019年1月第1次印刷

责任编辑：石真珍　周　晗　责任校对：周小焕

封面设计：冀贵收　版式设计：钟福建

定价：42.00元

教学支持　售后服务　联系电话：（0411）84710309

如有印装质量问题，请联系营销部：（0411）84710711

前 言

2016年底，我去给金融机构上课，讲的是财务报表分析与证券定价。讲完后，我把上课信息分享给了我的一些朋友。没想到，朋友们纷纷表示想来上这门课。可是，我不可能把朋友们都带到金融机构去听。于是，我和我的学生利用互联网众筹的方式发起了第一期的价值投资领袖班，众筹到一定开班人数，就找个场地来分享这门课程的内容。没想到第一期班的效果非常好，有些学员学过之后还想学第二遍。于是，我们决定继续把这件事干下去。我们也树立了价值投资领袖班的宗旨："培养一群价值投资领袖，挖掘一批价值投资标的。"每开一期班，我们希望学员也参与到我们的分析研究中，但事后发现，研究分析完一家公司至少需要50个小时的时间，完成2 500家公司的分析需要12.5万小时，这对大部分学员来说是不可完成的任务。到了2017年5月，受AlphaGo在围棋比赛中打败世界冠军柯洁的启发，我们团队想到了利用机器来提升分析效率的方式，并研发出了ValueGo估值机器人。这款机器人可以自动撰写价值投资分析报告，能分析一个公司的业绩好坏及估值，通过云计算和大数据将对2 500家上市公司的分析时间从12.5万小时缩短至 18 小时，可以将金融机构的研究成本降低至 1/1 250。2017 年我们用这一技术挖掘了格力电器、中国平安、晨鸣纸业、万华化学、牧原股份等优质的价值投资标的，也避免了很多高估值的陷阱。我们发现，估值是价值投资中最核心的关键环节。如果不懂估值，价值投资将无从谈起。

随着互联网、移动互联网的快速发展和演化，我们也发现，互联网公司作为区别于传统行业的一类特殊的公司，其价值更加值得研究和挖掘。经过研究之后，我们发现互联网公司虽然有其特殊性，但也脱离不了传统的财务分析框架。如果在 2014—2016 年用 ValueGo 的分析框架来看乐视，你会很清晰地看到乐视并不是一家好公司，而不用等到 2017 年乐视的崩盘。因此，我们团队撰写了这本书，希望对大家理解互联网公司及其估值起到一定的助益。当然，本书中的分析仅供参考，不作为投资建议。投资有风险，入市需谨慎！

本书由陈玉罡教授统筹策划、指导和修改；上篇对海外上市的互联网公司进行详细分析，莫昕参与撰写第 1 章，叶青青参与撰写第 2 章，陈奕诗参与撰写第 3 章，钟姿华参与撰写第 4 章，周俊江参与撰写第 5 章；下篇对国内上市的互联网公司用 ValueGo 的分析框架进行分析，由刘彧和黎江参与撰写。由于时间有限，书中难免有误，欢迎各位读者批评指正！

陈玉罡

2018 年 10 月

目　录

上篇　海外上市互联网公司估值案例

第 1 章　亏损的京东市值超 500 亿美元：继续升值还是泡沫破灭／3

1.1　京东与天猫：千亿交易额的较量／3

1.2　京东的发展历程／5

1.3　京东的业务版图：三足鼎立，新老交替／8

1.4　传统估值方法：现金流折现模型／14

1.5　基于 GMV 对京东电商的估值：如何理解 GMV？／17

1.6　进一步分析：业务模块分部估值／25

1.7　案例小结／30

第 2 章　梅特卡夫定律在互联网公司估值中的应用：以腾讯、Facebook 等为例／31

2.1　网络经济与互联网公司／31

2.2　什么是梅特卡夫定律／34

2.3 用户数与互联网公司估值／37
2.4 梅特卡夫定律的拟合：腾讯与 Facebook／38
2.5 基于梅特卡夫定律的其他估值模型／45
2.6 案例小结／49

第 3 章 社交网络平台的后起之秀：陌陌估值增长之路／50
3.1 从 LBS 到泛社交泛娱乐平台：陌陌概况／50
3.2 疯狂增长的背后：陌陌特点分析／53
3.3 剩余收益模型估值／59
3.4 网络价值评估：梅特卡夫定律估值法／63
3.5 市值比较：对比欢聚时代、腾讯及新浪／64
3.6 直播双雄，谁与争锋——陌陌与欢聚时代直播业务对比／66
3.7 案例小结／72

第 4 章 百度估值：大数据模型还是剩余收益模型／73
4.1 互联网巨头的“生态系统”／73
4.2 百度的发展历程／73
4.3 从搜索引擎到多面体：百度的业务模式／76
4.4 谷歌、雅虎与搜狐／80
4.5 可比公司估值法：建立股价与用户数的关联／86
4.6 剩余收益估值法：什么是真实的价值？／89
4.7 案例小结／93

第 5 章 互联网游戏公司的估值比较：以 IGG 公司为例／95
5.1 辐射全球的互联网游戏商／95
5.2 民族网游进军欧美市场：IGG 的发展历程／97
5.3 专注的开拓者？IGG 的业务特点／103
5.4 剩余收益模型估值／107
5.5 梅特卡夫定律的应用／109
5.6 案例小结／114

下篇　A股上市互联网公司估值案例——基于ValueGo估值机器人的分析

第6章　巨人网络：聚焦精品游戏／121
6.1　公司简介／121
6.2　公司特点／122
6.3　公司估值／128

第7章　游族网络：瞄准大IP的游戏商／129
7.1　公司简介／129
7.2　公司特点／130
7.3　公司估值／135

第8章　三七互娱：国内二线游戏龙头／137
8.1　公司简介／137
8.2　公司特点／138
8.3　公司估值／143

第9章　吉比特：有实力的游戏研发运营商／144
9.1　公司简介／144
9.2　公司特点／145
9.3　公司估值／150

第10章　顺网科技："吃鸡"热度驱动业绩／152
10.1　公司简介／152
10.2　公司特点／153
10.3　公司估值／159

第11章　完美世界：影视游戏综合体／160
11.1　公司简介／160

11.2 公司特点／161
11.3 公司估值／166

第 12 章 掌趣科技：资本运作的背后／167
12.1 公司简介／167
12.2 公司特点／168
12.3 公司估值／173

第 13 章 东方财富：流量变现的互联网券商／175
13.1 公司简介／175
13.2 公司特点／176
13.3 公司估值／181

第 14 章 全通教育：连接课堂内外的革新者／182
14.1 公司简介／182
14.2 公司特点／183
14.3 公司估值／188

第 15 章 乐视网：乐视是一家好公司吗？／189
15.1 公司简介／189
15.2 公司特点／190
15.3 公司估值／195

附录一 估值基础知识／196

附录二 如何看懂公司的财务报告／200

主要参考文献／203

致谢／205

上篇

海外上市互联网公司估值案例

第1章　亏损的京东市值超500亿美元：继续升值还是泡沫破灭

1.1　京东与天猫：千亿交易额的较量

2017年11月1日，京东正式启动全球好物节，京东方面披露的数据显示，截至2017年11月11日7时46分58秒，京东平台累计下单金额超过1 000亿元。与此同时，我国另一更为资深的互联网电商巨头——天猫——在2017年11月11日零点开启2017年“天猫双11购物狂欢节”活动，截至上午9点00分04秒，天猫交易额冲破1 000亿元，较2016年18时55分36秒的用时又有了大幅的缩短①。双11当日，京东和天猫的高管对于京东的交易额的计算区间问题进行了隔空的争论。天猫作为国内最大的电子商务平台，长期保持着我国电商平台第一位的成交量，其稳固的根基却在近年逐渐被后起之秀京东动摇，作为“老大哥”的天猫自然不愿轻易让出自己的宝座。不能回避的

---

① 数据来源于京东和天猫各自的披露信息。

问题是，京东确实已经成长为一个能够给天猫的霸主地位带来巨大威胁的竞争者，以往天猫的一家独大、独领风骚的局面已经逐渐转变为2017年的“猫狗大战”。

根据京东2016年年报显示的基于GAAP（一般公认会计原则）计算的净利润（见表1-1）来看，京东仍然是亏损的，但在美股上市的京东市值已经在2017年突破500亿美元的大关，甚至已经迎头赶上了中国互联网神话一般的BAT（百度、阿里巴巴、腾讯）中较为弱势的百度，成为我国互联网公司的翘楚之一。为什么一家亏损的企业的市值却能够不断创新高？传统的以财务数据为基础的估值还能运用于互联网企业的估值吗？截至2017年11月，京东的市值已经超过500亿美元，作为投资者，应该警惕泡沫的破灭还是期待京东创造另一个奇迹？

表1-1 **2014—2016年京东的利润表摘要** 单位：万元人民币

报告期	2016-12-31	2015-12-31	2014-12-31
营业总收入	26 012 164.50	18 128 695.50	11 500 231.70
营业总支出	26 226 654.20	18 499 628.20	12 080 475.40
营业利润	-214 489.70	-370 932.70	-580 243.70
税前利润	-323 422.40	-940 184.40	-497 703.40
净利润（GAAP）	-380 679.00	-937 801.60	-499 635.80
非经常性损益	197 342.00	-235 810.70	21 462.30
扣非后归属于母公司股东的净利润	-578 021.00	-701 990.90	-521 098.10
EBIT	-214 489.70	-370 932.70	-580 243.70
EBITDA	149 707.10	-109 026.60	-415 190.40
净利润（Non-GAAP）	100 042.60	-86 005.50	36 266.90

数据来源：Wind数据库。

1.2 京东的发展历程

早在1998年，京东的创始人刘强东先生就在北京中关村创办了京东，不过此“京东”非彼“京东”，那个时候的京东只是一家代理销售光磁产品的代理商。到了2001年，京东进一步演变为零售商，刘强东先生创办了名为京东多媒体的零售店，主要销售与电脑相关的一些产品，比如鼠标、键盘等。不同于阿里巴巴，京东最初并不是一家电子商务企业，而是做线下业务起家的，原本打算继续扩大线下零售连锁店数量和规模的京东，却在2003年遇上了“非典”疫情，这使得京东的主营业务大受打击。正所谓“塞翁失马，焉知非福”，线下发展的意外受阻却冥冥之中促成了今日这样一个强大的互联网电商巨头真正意义上的诞生。为了摆脱这一困境，京东从2004年起在刘强东先生的带领下朝着网上零售商转型。虽然起初京东是为了走出线下业务冷淡的困境才将业务转移到线上的，但刘强东先生很快发现，即便在疫情结束，线下业务恢复之后，线上业务的订单量也在不断增长，在此无心插柳的背景下，公司的业务重心也随之不断转移，终于在2004年底刘强东先生做出了关闭线下零售业务的决定。京东由此正式成为一家以3C产品和家电为主的网上零售企业。

彼时做线下电子商品零售或线上销售的零售商非常多，刘强东所创办的京东能够脱颖而出，除了其独到的眼光之外，另一个很重要的原因是刘强东在创业之初就奉行为消费者提供完整的配套服务的理念，这对10多年前不知售后为何物的零售业来说是十分超前的想法。在做线下电脑销售时，刘强东和他的团队除了销售电脑之外，也为客户提供售后维修和使用教学等配套服务，这虽然在短期来看会增加成本，却成为其长期建立口碑和品牌并稳稳立足的重要竞争力。从京东后来10多年的发展历程我们更可以看到，这样的理念是贯穿刘强东带领的京东整个发展历程的始终的。无论是在售后服务还是自建物流方面，京东的服务体系总是领先国内同行一个身位，短期来看，这样的投入确实使得公司整体业务的利润承压，但这也是京东作为后起之秀能够从大浪淘沙的电子商务领域杀出一片天地、坐上当之无愧的第二把交椅的核心原因。

转型电商企业之后，京东迅速成长为我国电商发展史上的重要的先导者之一，在 10 多年间由小变大、由弱变强，逐渐从同行之中脱颖而出，历经了我国电子商务领域从野蛮生长到大浪淘沙的发展，逐步成为国内仅次于天猫的第二大的 B2C 电商企业。乃至于在 2017 年的双十一，这个国内乃至国外的各路电商高手齐聚一堂比武过招、切磋技艺的时间点上，京东甚至已经能和国内电商界的现任掌门——天猫——分庭抗礼。

从主营 3C 产品和家电零售起步的京东，最初的发展主要依托自营零售业务，品类也比较集中，给人的印象与初创时主营书籍的当当网类似：京东就是一个卖电子产品和家电的，要买其他品类的商品，那还得去别的平台。京东通过优质的经营服务，在 2008 年成为中国最大的自营类 B2C 平台，销售额超越了专注卖书的当当和卓越。随着用户规模的进一步扩大，京东也开始尝试扩展自身的品类，先后上线了日用品、百货、图书等商品，向着综合型电商转型。

与此同时，京东在 2010 年正式上线了第三方卖家平台，第三方卖家入驻京东电商平台直接向消费者销售商品，由此京东打开了平台业务，并迎来了大量的第三方商家的加入。京东方面披露的信息显示，在京东 2014 年上市前的几年间，京东平台的第三方卖家数量达到 3 万家，SKU 数量达到 2 500 万个（注：SKU 指每款对应的、便于电商识别商品的一种编码，商品的型号、颜色等不同，SKU 编码也不相同，否则会出现混淆而发错货）。2014 年，京东在美国上市之后，第三方平台业务发展更为迅猛，到 2017 年第二季度已经有 13 万商家进驻了京东第三方平台。

从上面的发展历程来看，京东似乎只是一个把大家都在做的事情做得比较极致从而取得成功的公司，但另一个促成京东走向国内电商企业巅峰的因素是京东早期的物流自建，这一做法充分反映了刘强东的独到眼光和前瞻性。从 2007 年开始，京东先后在上海、北京、广州建立物流体系。然而，对于轻资产的电商企业而言，自建物流的资本投入无疑是一大障碍，京东高速增长的订单量和销售额使得原有的物流体系难以满足平台的需求。为了能够持续提供稳定高效的物流服务，京东在2009年成立了物流子公司，并将当时融资获取的资本金中的较大部分投入到物流体系的建设和扩展中，在2010年成功建成华北、华南、华东、西南四大物流中心。此后，京东不断加快推进自建物流系统的建设与完善工作。较早的布局和持续的投入使得京东在早期国内物流市场仍处在零散分割状态的时候就能够提供如“211限时达”[①]这样的极速物流服务，这是时至今日我国主要的物流运输公司都未能实现的极高的服务水准，创造了较好的客户体验，这也成为京东的重要核心竞争力之一。目前来看，在服务质量、配送速度、客户投诉率等方面，京东自建物流甚至好于国内的许多物流公司。

依托自营业务的稳固发展、第三方平台业务的高速增长以及自建物流提供的重要竞争力支持，京东不断发展壮大。从2007年获得来自今日资本的第一笔1 000万美元的融资开始，京东先后经历了数轮融资，在2014年上市前累计达到29亿美元，有多个知名的国际投资机构参与其中，如老虎基金、高瓴资本、红杉基金等。2014年5月22日，与腾讯达成战略合作不久的京东正式在美国纳斯达克交易所挂牌上市，并通过首次公开发行股票募集资金17.8亿美元。

通过上市后的快速发展，京东集团目前的业务已经涵盖了电商、物流和金融三大板块，京东商城已成为国内最大的自营类电商，地位稳固，在B2C平台中也仅次于阿里巴巴旗下的天猫。2016年底，京东的GMV[②]（Gross Merchandise Volume，网站成交金额达到6 600亿元人民币，同时拥有2.27亿活跃用户。京东商城正朝着全品类电商的目标努力，力争打造成综合型的一站式购物平台。此外，京东的物流业务在2017年开始逐步对外开放，有望在未来逐步实现盈利，进入前期庞大投资的收获阶段；京东的金融业务通过从集团业务中剥离为获得更多牌照甚至在未来独立上市做好了准备。

在近年来高速发展的互联网公司中，电子商务企业绝对是不容忽视

① 即当日上午11：00前提交的现货订单（天津、东莞、深圳、杭州为上午10点前，以订单出库后完成拣货时间点开始计算），当日送达；晚上11：00前提交的现货订单（以订单出库后完成拣货时间点开始计算），次日15：00前送达。

② GMV指的是一定时间段内的成交总额，在电商网站的定义里是网站成交金额，实际指拍下订单金额，其中包含付款和未付款的部分。

的一股中坚力量。2017 年 11 月的数据显示，在全球市值排名前列的互联网公司中，国内电子商务龙头——阿里巴巴——以 4 772.10 亿美元排名第四位，仅次于谷歌、亚马逊和 Facebook，京东则以 568.75 亿美元的市值排在全球第十一位，在国内仅次于三巨头 BAT，并且与百度的差距已经不大①。国内的两家电商巨头——阿里巴巴和京东——也不再满足于电商领域的发展，近些年早已开始利用自身的用户和流量等优势开拓物流和金融等新业务。可以看出，以阿里巴巴和京东为代表的电商类互联网公司在整个互联网领域都有着举足轻重的地位。表 1-2 列示了 BATJ（百度、阿里巴巴、腾讯控股、京东）2017 年 11 月 10 日和 11 月 13 日的股价。

表 1-2 BATJ2017 年 11 月 10 日和 11 月 13 日的股价数据

企业名称	股票代码	11 月 10 日股价（周五）	11 月 13 日股价（周一）	所属行业
腾讯控股	00700.HK	385.4HKD	387.6HKD	互联网软件与服务
阿里巴巴	BABA.N	186.41USD	184.54USD	互联网零售
百度	BIDU.O	237.40USD	237.37USD	互联网软件与服务
京东	JD.O	39.96USD	41.34USD	互联网零售

1.3 京东的业务版图：三足鼎立，新老交替

1.3.1 京东商城

京东商城是中国仅次于阿里巴巴的第二大电商平台，通过将业务侧重于 B2C 的细分市场，开展专业化的批发零售业务，京东商城获得了较好的声誉，被人们视为高质量产品的供应平台。这是与非专业化的商家直销产品给消费者，即 C2C 业务具有显著差异的地方。从京东 2016 年公布的年度数据来看，京东在 B2C 市场占有 32% 的份额（以 GMV 为参考指标计算份额），相较之下，第一位的天猫商城占据了 53% 的份额。

① Wind 数据显示，2017 年 11 月 11 日，腾讯控股市值 4 692.90 亿美元，百度市值 824.31 亿美元。

京东商城在初创时就是从批发零售业务即自营业务做起，目前已成为中国最大的自营类电商平台。从2010年开始，京东商城引入了第三方平台业务，直到2017年的第二季度，京东商城的自营业务收入贡献仍然占到总体的91%，但从GMV的口径来看，第三方平台业务贡献了总体的43%。

1.3.2 自营业务

京东商城最早通过自营业务起家，也因此建立了比较稳定和良好的声誉，被视为价格合理且商品质量较高的电商平台。通过自营业务，京东商城能够提供标准化的发票、快速的配送服务和高质量的商品。京东商城最初就尝试与品牌供应商建立批发零售关系，这使得京东能够实现比同行尤其是平台类电商更低的客户投诉率和更高的客户满意度。2017年，京东商城的服装得到了美国服装和鞋履协会（AAFA）的认证，而主要竞争者之一的淘宝网则被列入了黑名单。京东的自营业务能够提供标准化的发票也是竞争优势之一，京东和天猫都能够为企业类买家提供采购的平台，但京东在服务质量标准方面更胜一筹。快速的物流服务也是京东商城能够培养较高的客户忠诚度的重要因素，越来越多的消费者为了追求更准时和及时的配送服务而选择京东。

1.3.3 第三方平台业务

京东商城的第三方平台业务实际上是比自营业务更具有增长潜力的业务。阿里巴巴旗下的天猫和淘宝网是京东商城在中国本土的主要竞争者，但在平台业务方面，阿里巴巴的主要收入来自在线商城的布局、数据分析及渠道拓展这类市场营销方面的服务，京东则以直接收取交易佣金费用为主（京东商城平台业务的交易佣金收入占到50%以上）。可以看出，京东商城的平台业务是更加注重交易而非渠道建设的。从收取的交易佣金费用占销售额的比重来看，京东达到了5%～8%，高于天猫的0.4%～5%和聚划算的3%，淘宝网是不收取平台交易佣金的。此外，虽然天猫商城的交易佣金较低，但商家需要为每一次的点击支付一定的成本，这也是天猫和京东的平台业务分别注重渠道和流量这一不同特征决定的。相较于天猫商城，京东的平台业务可以在品类和流量的拓展方面努力，而这也确实是京东正在做的：一方面，近年来京东商城引入了较多的第三方商家，并从最初主要经营家电和电子产品到日用品、书籍、服装，极大地扩展了商品品类；另一方面，京东与我国国内的互联网企业如腾讯、百度、今日头条等深度合作，致力于增加来自不同渠道的流量。

对比国内的主要竞争者，天猫商城的收入中营销服务收入是交易佣金收入的两倍。天猫有着比京东更为成熟的技术优势，主要体现在天猫商城更为强大的产品检索、个性化推荐等方面，京东在这一领域相较于在国内领先的天猫仍有差距，预计这一差距将在京东商城引入战略合作者的努力下逐渐缩小。

对比国际上的标杆企业——亚马逊，京东有许多与这家国际龙头电商相似的地方。亚马逊电商平台中自营业务收入占到了70%以上（京东商城为91%）；第三方平台的订单量占到了49%（京东商城为45%）；在自建物流的使用率方面，亚马逊达到了55%（京东商城为50%）。从以上数据来看，比起国内的主要竞争者天猫商城，京东与在国际上领先的亚马逊更为相似，但亚马逊拥有京东目前所不具备的出色的云服务。京东若能够在技术方面取得重要的改善和突破，其创造收入增长的能力是十分巨大的，这是第三方平台业务的一个重要的潜在增长点。

1.3.4 京东物流

京东从2007年开始自建物流体系，2017年4月起，京东物流开始对第三方开放，目前京东物流仍然是京东的全资子公司。京东内部的自建物流使其能够大大提高送货效率，并保持较高的服务质量，这是京东的主要竞争优势之一。通过内部的自建物流，京东的存货周转天数减少到32天（行业平均水平为70～90天）。

与国内物流的标杆企业顺丰一样，京东物流也受到了客户的广泛好评。京东物流在电子商务领域确立了新的行业标准，当天猫实现了次日达时，京东物流已实现当天送货。京东进一步推出了“京准达”，这项服务允许客户选择一天内某个特定的30分钟作为交货的时间范围，精准的配送时间控制更大程度上地方便了消费者。到 2016 年底，京东物流有 256 个仓库、6 906 个小点、7 个智能物流中心，覆盖全国 2 658 个城市。京东正投资建设以技术为基础的物流体系，在扩展仓储、运输和配送服务以及供应链解决方案方面不断努力，致力于提供无人机、无人驾驶汽车、无人仓库等物流技术服务以及销售预测和库存管理等数据服务。京东 CEO 刘强东先生表示，目前京东已经拥有能够运输 5 ~ 30 千克的货物、时速 100 千米的配送无人机，而承载量达到 1 000 千克的机型正在测试中。2017 年 6 月，顺丰成为第一家获得我国政府许可使用无人机进行配送服务的公司，京东物流极有可能成为第二家。在 2017 年的“6 · 18 购物节”期间，京东物流的智能物流机器人在部分试点投入使用，据披露，智能机器人的捡货效率是正常人工处理的 5 ~ 6 倍，2018 年 11 月 22 日，京东物流配送机器人智能配送站启用仪式在长沙举行，全球首个由机器人完成配送任务的智能配送站正式投入使用。

国家邮政局公布的数据显示：京东物流的每笔订单成本从 2015 年初的超过 15 元人民币下降到了 2017 年初的 12.3 元，并且从 2016 年初开始，京东物流在提供行业领先服务的同时，每单成本却已经低于我国的行业平均水平。这都受益于成熟的自建物流体系、不断改善的技术及规模经济效应。与此同时，受益于电子商务的高速发展，我国的物流行业在过去 10 年间经历了超过 30% 的年均收入增长。到 2017 年，增长速度仍然有增无减，未来随着我国物流行业越来越注重服务质量和效率，京东物流有望获得更大的发展。

从图 1–1 来看，2016 年京东物流的市场份额占比为 4.07%。在物流行业发展的初始阶段，进入的成本较低，但随着我国物流产业的不断成熟，也将走上与美国物流产业类似的小公司最终被大公司吸收的道路。目前，我国物流行业正处在这一转型阶段中，2016 年，顺丰和“三通一达”相继以不同的方式上市。对于京东物流而言，这也是一个通过其技术驱动的核心竞争力扩大市场份额的良机。2017 年 4 月，对自营业务之外的卖方开放物流服务，是京东物流迈出的第一步。

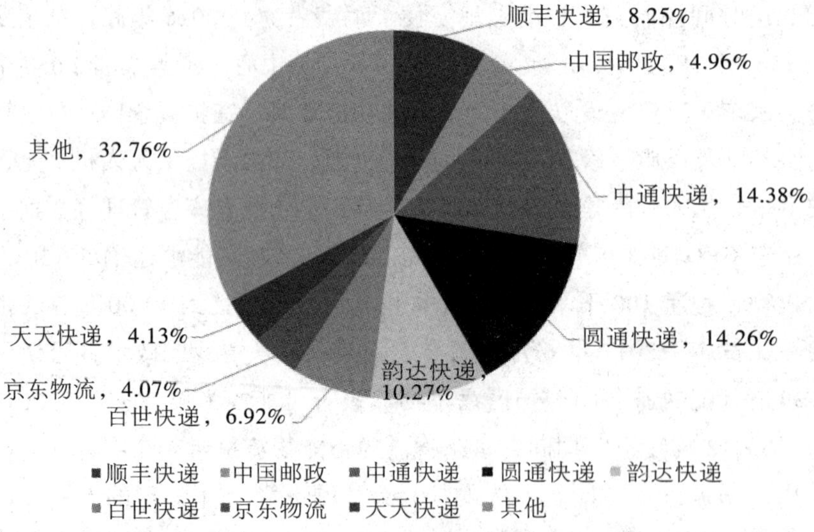

图 1-1 2016 年我国物流行业市场份额

数据来源：Analysys 易观千帆大数据分析。

1.3.5 京东金融

京东金融是京东自 2013 年开始独立经营的子公司，在 2016 年 3 月经历了 A 轮融资，并在同年宣布从集团内部分拆该部分业务，分拆在 2017 年上半年完成。通过处置 68.6% 的京东金融的股权，京东集团获得 143 亿元现金、40% 的京东金融未来的税前利润以及可将这部分利润索取权在未来转换为京东金融 40% 股权的期权。表 1-3 列示了京东金融获得的投资。

表 1-3 **京东金融获得的投资**

日期	轮次	投资者	获得对价	估值
2016年3月	A轮	红杉中国、中国太平等13个投资者	66.5 亿元	466.5 亿元
2017年3月	分拆处置	未公开	143亿元	500亿元

京东金融进行 A 轮融资时，做出了在 5 年之内以不低于 930 亿元的估值上市，否则将以 9.37% 的年利率回购股份的承诺。目前，京东金融的主要业务包括消费者金融、供应链金融、支付服务、数据服务、

资产管理业务和综合业务等板块。其中，供应链金融是最具盈利能力的业务。对于消费者而言，京东白条是京东金融提供的最主要的产品。京东白条允许客户在 30 天内免息延迟付款，同时提供 3~24 个月的分期付款期限供选择，根据使用者的信贷历史记录收取 0.5% ~ 1.2% 的月利息。除了能够在京东商城使用外，京东白条在 2016 年还拓展了线下门店的白条云闪付功能。现在在全国超过千万个 POS 机和门店中，都可以使用白条云闪付这一新型付款方式。

除此之外，京东金融还将白条业务的收款权证券化，在 2017 年发行了我国第一款消费者金融类资产支持票据（A 评级产品年化收益率为 4.8%，B 评级产品为 5.5%）。根据京东披露的信息，京东白条的坏账率可以被控制在 2% 左右，甚至在个别时期能够低于商业银行的同期坏账率水平。

京东金融最主要的收入来源于供应链融资业务，主要产品包括京保贝、京小贷和动产融资业务，目标用户为京东商城的供应商，他们可以在 0.033% 的日利率下进行 12 个月、额度达 200 万元的借款。对于动产融资，则有最高 5 000 万元的借款限额，主要根据借贷人的资信状况决定。类似于消费者金融服务，京东金融在 2016 年将其供应链融资业务的服务对象扩展到了京东商城之外。

京东金融在 2014 年 7 月推出了新一代第三方支付产品——京东支付，此时国内第三方支付市场已被阿里巴巴占领。到 2017 年第一季度，京东支付在线上第三方支付和移动端所占的份额分别为 2.9% 和 1.0%（阿里支付为 30.7% 和 64.2%）。2017 年，京东金融通过和中国银联合作推出了京东闪付，不同于目前占据了支付市场 90% 以上份额的支付宝和微信，京东闪付采用了和 Apple Pay 类似的基于 NFC 技术的支付方式，试图通过差异化获得市场份额。

和其他互联网公司一样，京东逐渐发展成“生态圈”，囊括了电商、物流、金融等多个业务板块。2017 年京东能盈利吗？在盈利的基础上，京东的市值会上涨多少？如果 2017 年京东继续亏损，其市值会降低吗？京东和乐视会一样吗？

1.4 传统估值方法：现金流折现模型

现金流折现模型假设企业可能处在未来将永续增长或是两阶段增长等企业生命周期的不同阶段，在不同的假设下我们能够得到企业未来每年所能产生的自由现金流，再通过合理选择折现率对每一现金流进行折现处理，汇总每年的自由现金流现值即是企业的价值。总体思路是企业未来所有期间能够产生的自由现金流的现值之和即为企业当前的价值。

第一步，我们要估算京东未来的自由现金流（仅供参考），设定主要假设如下：

（1）2017 年的自由现金流量（Free Cash Flow，FCF）预计增长率为 40%（与预计的 GMV 增长率相当），并以每年 5% 递减至 2024 年。自由现金流量是企业所产生的、在满足了再投资需要之后剩余的现金流量。简单地说，自由现金流量是指企业经营活动产生的现金流量扣除资本性支出（Capital Expenditures，CE）后的差额，用来衡量企业实际持有的能够回报股东的现金，而这部分现金才是股东所真正能够合理获得的部分，被视为企业价值的组成部分。

（2）永续增长率为 2%，永续增长期间从 2025 年开始。

我们可以注意到，这里假设京东的增长速度将不断放缓，从 2025 年开始进入增长率稳定的永续增长阶段，这里沿用的是永续增长的现金流模型。我们得到表 1-4 的数据：

表 1-4　　估算京东 2017 年以后的自由现金流　　单位：万元人民币

时期	实际期	实际期	实际期	预测期 t0	预测期 t1	预测期 t2	预测期 t3	预测期 t4	预测期 t5	预测期 t6	预测期 t7	预测期 t8	预测期 t9
年度	2014	2015	2016	2017	2018	2019	2020	2021	2022	2023	2024	2025	2026
FCF	-30 839.19	-109 512.59	62 085.22	86 919.31	117 341.07	152 543.39	190 672.23	228 815.08	263 137.34	289 451.07	303 923.63	310 002.10	316 202.14
预计增长率	WACC（JD.0）		7.66%	40%	35%	30%	25%	20%	15%	10%	5%	2%	2%
贴现到 t0 价值				86 919.31	108 992.26	131 608.71	152 805.95	170 320.58	181 932.63	185 886.95	338 371.36	求和	4 402 837.76

第二步，计算加权平均资本成本（Weight Average Cost of Capital，WACC）。

企业运用其获取的资本金进行投资或开展经营活动，其资本成本即是为了获得这些资本金的使用权必须支付的代价，但企业的资本金来源可能是多种多样的，因此我们需要进行加权处理才能够获得企业整体的资本成本水平。加权平均资本成本是按各类资本占总资本来源的权重加权平均计算公司资本成本的方法。资本来源可能包括但不限于普通股、优先股、债券及长期债务，计算时将每种资本的税后成本乘以其占资本总额的比例并加总。

具体计算公式如下：

$$WACC = \frac{E}{V} \times R_e + \frac{D}{V} \times R_d \times (1 - T_C)$$

其中：E为公司权益的市场价值；D为公司债务的账面价值（一般认为与市场价值相等）；V为公司的总价值，则$\frac{E}{V}$为公司权益价值的占比，$\frac{D}{V}$为公司债务价值的占比；R_e为公司权益的资本成本；R_d为公司债务的资本成本；T_C为公司的企业所得税税率；$R_d \times (1 - T_C)$为公司的税后债务资本成本。

在计算WACC时，我们可以先参考一些经验值，同时参考了纽约大学斯特恩商学院提供的美国上市公司行业WACC的数据。

京东属于零售行业，该行业的WACC相关数据见表1-5。

表1-5 **行业WACC的数据**

行业名称	企业数量	贝塔系数	权益资本成本	权益价值占比	标准差	债务资本成本	税率	税后债务资本成本	债务价值占比	加权平均资本成本
零售（在线）	57	1.23	9.43%	91.47%	50.54%	4.05%	8.46%	2.43%	8.53%	8.84%

数据来源：纽约大学斯特恩商学院，http://www.stern.nyu.edu/~adamodar/New_Home_Page/data.html。

京东的β系数为1.24（来自于雅虎财经，亚马逊的β系数为

1.42，阿里巴巴的 β 系数为 2.59），其与 Stern 数据库中行业为在线零售商的 β 系数十分接近，因此，我们直接使用 Stern 数据库中的权益资本成本和债务资本成本数据，结合京东自身的平均税率和权益债务占比计算京东的 WACC。我们得到以下指标的具体数据为：行业平均 β 值为 1.23；权益的资本成本为 9.43%；权益价值占比为 91.47%；股价的标准差为 50.54%；债务的资本成本为 4.05%；税率为 8.46%；税后债务资本成本为 2.43%；债务价值占比为 8.53%；权益价值使用公司市场价值为 573.1 亿美元[①]；债务价值使用公司第三季度报告披露的总债务账面价值为 193.77 亿美元。

E/（D+E）=74.73%

D/（D+E）=25.27%

由于京东目前仍然处于亏损状态，债务资本成本总的税盾尚未得到体现，在 2017 年京东能够首次实现盈利，将开始在债务资本成本之中产生税盾。

WACC（JD）=9.43%×74.73%+2.43%×25.27%=7.66%

由表 1–5 可知，零售行业的平均资本成本为 8.84%，京东的 7.66% 低于该水平。

通过以上假设，计算得到京东在 2017 年末的企业价值为 440.28 亿美元（对应 2017 年末的股价为 31.03 美元/股），低于 2017 年 11 月 17 日收盘价 40.25 美元/股以及基于 P/GMV 估值的结果 743.74 亿美元（对应 2017 年末的股价为 52.41 美元/股）。基于传统的财务方法对京东进行估值出现偏差的原因可能是：京东目前仍然处于净利润由负转正的过程中，现金流状况仍然不稳定，且上市仅 3 年可参考数据较少，对未来自由现金流增长的估计可能存在较大偏差。此外，基于传统财务方法估值很可能不适用于互联网企业，部分假设难以成立。

通过对永续增长率进行敏感性分析，我们可以得到京东的股价估值范围为 27.63 ~ 56.52 美元/股，见表 1–6。

---

① 由于该案例是在“双 11”后完成，所以我们基于 2017 年 11 月 17 日收盘价数据计算了京东当时的市值。

表 1-6 **基于永续增长率变化的敏感性分析**

永续增长率	市值（亿美元）	对应每股股价（美元）
1%	392	27.63
2%	440	31.03
3%	509	35.87
4%	615	43.34
5%	802	56.52

1.5 基于 GMV 对京东电商的估值：如何理解 GMV?

2017 年的第二季度，京东商城的自营业务收入贡献仍然占到总体的 91%，但从 GMV 方面来看，第三方平台业务贡献了总体的 43%。这种收入与 GMV 的贡献份额的巨大差异从何而来？对这个问题的解读不仅能够帮助我们更加深入地理解京东的商业模式，而且是对京东进行更加全面估值的起点。

营业收入与 GMV 的巨大差异主要来源于自营业务和第三方平台业务在确认收入和成本时采用的方法不同。首先，必须明白 GMV 的含义及在不同业务中收入和成本的确定方法，才能对京东商城的业务构成有更好的理解。

GMV=销售额+取消订单金额+拒收订单金额+退货订单金额

从上述等式可以看出，只要京东商城的用户在网站上下了订单并生成订单号，网站就将计算 GMV，但在 GMV 转化为平台的实际收入即常说的营业收入过程中存在流失量，即：

取消订单金额：下单以后后悔并取消订单，未产生营业收入。

拒收订单金额：货物配送后买家拒收订单，未产生营业收入。

退货订单金额：买家签收货物后申请并完成退货，营业收入实际未产生，会计处理时应予以冲销。

这样一来，第一层转化就随之产生，即 GMV 到营业收入的转化，这一步的转化率主要是由订单取消、拒收、退货的发生率决定的。如果以上情况出现的概率低，GMV 转化为营业收入的转化率也就相应较高。

第二层转化是营业收入到毛利的转化。对于正常的产销业务，营业收入扣除营业成本（可能包括直接材料、直接人工和制造费用等）后就是毛利。比如，生产一台电脑的成本是 3 000 元，卖给客户 5 000 元，毛利就是 2 000 元（5 000–3 000）。在这 3 000 元的成本中，仅考虑了能够直接归入这台电脑的成本，如原材料、零配件等的成本，而对于那些支撑企业整体运营的成本如管理费用、财务费用、销售费用等暂不考虑，这就是营业利润与毛利的差别。

对于京东商城的自营业务而言，营业收入就是实际产生的产品销售收入，即 GMV 经过第一步转化之后的结果。由于此时京东商城扮演的是批发零售商的角色，营业成本简单来说就是从供应商那里进货的成本，收入与成本的差值就是自营业务的毛利。然而，对于第三方平台业务而言，京东商城扮演的是中介平台的角色。一般而言，第三方平台是以收取交易佣金的形式获取收入，即第三方商家在平台上销售商品成功之后，按照事先约定的销售额比例向第三方平台支付交易佣金。此时，对于京东商城来说，营业收入就是获得的交易佣金，而营业成本则是那些能够被归集到这一平台中介活动中的成本。因此，第二层转化的路径就决定了自营业务和第三方平台业务的 GMV、营业收入和毛利贡献率的巨大差异。

可以通过一个简单的例子来直观地理解这一问题：

假定京东商城自营业务和第三方平台业务的 GMV 都是 5 000 亿元人民币，GMV 转化为销售额的转化率为 10%，自营业务的营业成本率为 90%，第三方平台业务的交易佣金为销售额的 8%，营业成本率为 20%。GMV 转化为销售额，对第三方平台业务而言，转化产生的营业收入是第三方卖家的营业收入，京东这部分的营业收入是以此为基础计算的交易佣金。这样一来便可以得到表 1–7 的结果。

表 1-7　　**自营业务与第三方平台业务的GMV转化比较**　　金额单位：亿元人民币

业务	GMV	GMV转化率	销售收入	交易佣金率	归属于京东的营业收入	营业成本率	毛利
自营业务	5 000	10%	500	无	500	90%	50
第三方平台业务	5 000		500	8%	40	20%	32

可以看出，由于自营业务和第三方平台业务收入确认的口径差异以及业务性质（重存货与轻资产）的差异，京东商城的自营和第三方平台业务在相同的GMV水平下营业收入、毛利的水平都存在较大差异。归属于京东的营业收入中第三方平台业务收入未达到自营业务的1/10，但毛利水平又比较接近。

从图1-2可以直观地看出，京东的自营业务的毛利和第三方平台业务的营业利润在收入确认口径存在差异以及业务性质不同的前提下具有一定的可比性。表1-8和图1-3统计了京东各项财务指标与非财务指标，GMV与净营业收入的走势大致相同。从京东方面披露的真实数据来看：2015年的自营业务GMV转化率和第三方平台业务转化率（分别取为毛利/GMV和营业利润/GMV，具有一定的可比性）分别为4.2%和6.1%，2016年分别为4.4%和6.5%。京东商城各业务总体的转化率在这两年分别为5.0%和5.2%。可以看出，每一单位GMV为自营业务和第三方平台业务贡献的收益是比较稳定的，同时，GMV转化为收益的转化率也在逐年稳步上升，这主要是受益于京东自营业务不断产生的规模经济效益、对供应商议价能力的提升。对第三方平台业务而言，京东商城目前的收入主要来自佣金收入，随着未来营销服务创造更多的收入，第三方平台业务的GMV转化率有望得到提升。

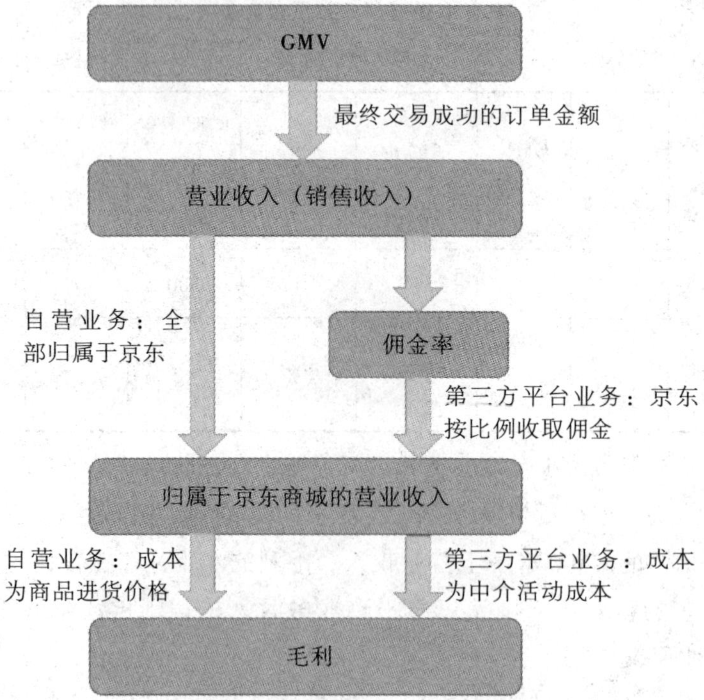

图 1-2 京东 GMV 转化率图解

表 1-8 **京东重要指标概览**

年份	2011	2012	2013	2014	2015	2016
GMV（亿元）	327	733	1 255	2 062	4 627	6 582
活跃用户数（万人）	1 250	2 930	4 740	9 060	15 500	22 660
订单量（百万单）	65.9	193.8	323.3	689.0	1 263.1	1 600

数据来源：根据京东的招股说明书和公司公告整理。

对互联网企业而言，在无法采用现金流折现模型估值的时候，往往用相对估值法进行估值。最常用的相对估值比率包括市盈率（P/E）、市净率（P/B）和市销率（P/S）等。模型中的比率可能基于类似企业的对应比率选取，也可以基于本企业的历史数据估计。

P/E 估值：公司估值=预估 P/E（来自类似公司或自身过往数据）×预估每股收益

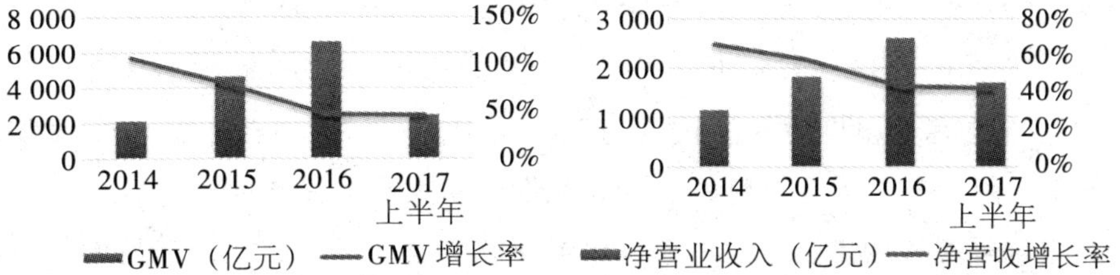

京东GMV变化情况　　京东净营业收入变化情况

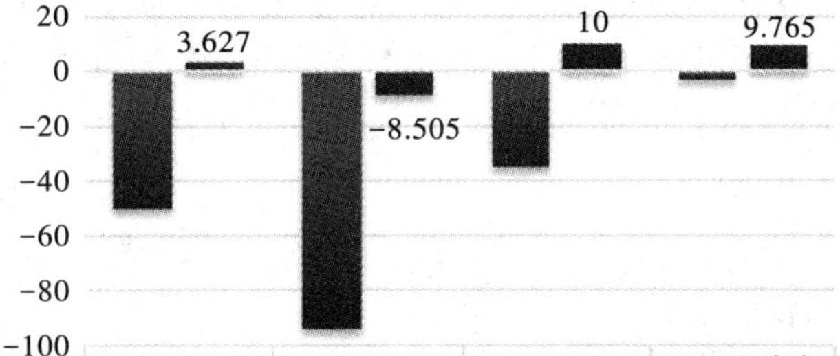

	2014	2015	2016	2017上半年
净亏损/利润（亿元）	-50	-94	-35	-2.87
非美国通用会计准则	3.627	-8.505	10	9.765

■净亏损/利润（亿元）　■ 非美国通用会计准则

不同会计准则下京东的净亏损/利润情况

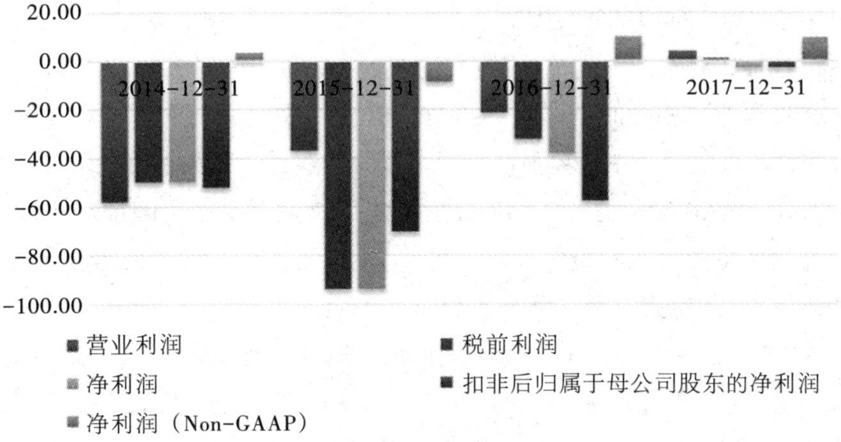

京东各阶段利润变化情况

图 1-3　京东 GMV 与其他指标变化图

数据来源：根据京东的招股说明书和公司公告整理，基于GMV对京东商城估值。

优点：（1）计算简单，并且用于计算市盈率的数据容易获得；（2）市盈率直观地反映了投入与产出的关系；（3）市盈率涵盖了风险补偿、增长率和股利支付的影响，从而具备很高的综合性。

局限性：如果收益是负值，市盈率就失去意义，因此，市盈率估值适合连续盈利的企业。

从上述案例中，我们可以看到在美国通用会计准则（GAAP）和非美国通用会计准则（Non-GAAP）下计算的净利润存在明显差异。在Non-GAAP下计算的净利润显示京东在2016年已有盈利，但按照GAAP准则，京东在2017年上半年仍处于亏损状态（根据京东披露的公开信息，2017年二季度京东基于GAAP净亏损2.87亿元，而Non-GAAP下则实现净利润9.765亿元）。

在美国上市的企业都需要用GAAP来做账和出具财务报告，而Non-GAAP指企业在GAAP基础上加工后的财务报告。它们的差别主要在于，非常规的一次性非经营性支出会在Non-GAAP中予以剔除，以反映实际业务表现。而对于京东这样的互联网公司来说，股权激励是财务报告调整的项目。从京东的财务报告可以看出，2017年二季度Non-GAAP剔除的占比最大的科目是股权激励，达到7.47亿元；其次是与收购业务相关的无形资产摊销，达到4.43亿元。由于这种差异的存在，不仅仅是京东，我国在美国上市的企业讨论财务报告基本都是基于Non-GAAP的数据，GAAP数据可能仅仅是上交给美国证券交易委员会的必备资料。一般的观点认为，GAAP数据倾向于低估企业利润。如果要用P/E进行估值，需要注意这个差别。

P/B估值：公司估值=预估P/B（来自类似公司或自身过往数据）×预估每股收益

优点：（1）市净率一般不是负值，应用范围广泛；（2）净资产账面价值的数据容易获得；（3）净资产账面价值比净利率更稳定，不容易受到人为操控。

局限性：（1）账面价值会受会计政策的影响，如果企业执行的会计标准和会计政策不同，会失去可比性；（2）高新技术企业或服务类企业固定资产很少，所以净资产与企业价值的关系不大；（3）少数企业市净率仍有可能为负值，使得市净率变得无意义和无法比较。

所以，市净率模型主要适用于拥有大量资产且净资产为正的企业。

P/S 估值：公司估值=预估 P/S（来自类似公司或自身过往数据）×预估每股收益

优点：（1）不会出现负值，对于亏损企业和资不抵债企业也能计算出有意义的价值乘数；（2）稳定可靠，不易操控；（3）对价格政策和企业战略变化敏感，可以直观反映这种变化的后果。

局限性：不能反映成本的变化，而成本是影响企业现金流量和价值的重要因素之一。

市销率主要适用于销售成本率较低的服务类企业或销售成本趋同的行业（在参考类似公司数据时）。

此外，还有一些衍生的类似指标，如 P/EBITDA、EV/EBITDA 等，从以上分析可以看出，对于不同特征的企业，选用指标的时候会有很大差异。而决定指标是否适合一个企业，该指标与企业收益及最终的企业价值的关系是重要的参考因素。

通过以上案例介绍可以看到，对京东商城而言，其自营业务和第三方平台业务都是交易导向而非流量导向的，GMV 的增长与收入的增长高度相关。对电商企业而言，GMV 是一个很特殊的指标，P/GMV 可以作为一个很好的估值比率。京东在 GMV、活跃用户数和订单量方面增长都十分迅速，在短短 5 年间各项指标均翻了接近 20 倍。京东上市以来，GMV 与营业收入的变化趋势十分相似，一方面体现了京东在 GMV 扩张的同时，营业收入的增长能够跟上；另一方面也证明了 GMV 与收入的高度相关性。从图 1-3 也可以看出 GMV 的增长与收入的增长高度相关，GMV 向着收益的转化也比较稳定。同时，我们要注意到，京东商城在过去数年仍然处于亏损状态，又是轻资产的电子商务企业，传统的股票市值模型并不适用，因此这里建立股价与 GMV 之间的关系，选用 P/GMV 对京东商城的自营业务和第三方平台业务进行估值。

首先，结合前面部分对京东商城业务的深入分析及历年的 GMV 变化数据，预测未来 GMV 及 P/GMV 的比率的变化趋势，见表 1-9。

表 1-9　　预测 2017—2020 年的 GMV

年份	2011	2012	2013	2014	2015	2016	2017 预计	2020 预计
GMV（亿元人民币）	327	733	1 255	2 062	4 627	6 582	9 214.8	18 798.85
GMV 增长率		124%	71%	64%	124%	42%	40%	年均 30%

分别基于 2017 年末预测值和 2020 年预测值进行估值，可以得到当前的合理估值水平及未来估值的增长空间。选取一个 3 年的预测阶段，即到 2020 年，预计在此时间点京东集团的各个业务都将到达新的发展阶段，如京东商城平台业务增长潜力的实现、京东物流在市场份额上赶上对标公司顺丰、京东金融的分拆上市等。预计 2017 年 GMV 的增长幅度为 40%，以 2016 年为基数到 2020 年的 4 年间年均增长为 30%。由此计算，京东商城的 GMV 在 2017 年末将接近 1 万亿元人民币，在 2020 年接近 2 万亿元人民币（对比阿里巴巴整体 GMV 在 2016 财年突破 3 万亿元人民币）。

然后，估计 P/GMV 的比值，见表 1-10。

表 1-10　　京东 2014—2016 年 GMV 与股价

年份	2014	2015	2016
GMV（亿元人民币）	2 062	4 627	6 582
年末每股股价（美元）	23.14	32.27	25.44
P/GMV	0.159	0.099	0.055

说明：由于 P/GMV 是比值指标，实际选取任意单位作为基准对估值结果并无影响，考虑到京东股价一般为美元数据，而公布的 GMV 则一般以人民币计量，为了避免汇率变动的影响，这里直接选用美元为单位的 P 和人民币为单位的 GMV 构造 P/GMV 指标。

京东上市后 3 年的 P/GMV 逐年下降，该变化趋势与 P/E 等市值指标的变化趋势吻合，预计未来将继续下降并趋于平稳。对标公司阿里巴巴根据集团总的 GMV 计算的 P/GMV 在 2014—2016 年间落在 0.065～0.087 之间（计算口径与上述京东的 P/GMV 相同）。由于阿里巴巴内部商城业务的占比远低于京东商城在京东集团的比重，阿里巴巴的P/GMV的参考价值不大。以预估的2017年GMV水平和当前股价（2017年11月17日收盘价：40.25美元/股）计算的P/GMV值为0.062，结合京东商城在京东整体业务中的占比，预计2017年京东商城的P/GMV为0.06，在逐步走向成熟发展的2020年，该指标进一步下降至0.04。

根据以上估计结果，可以得到对京东电商业务的整体估值，见表1-11。

表1-11 对京东电商的估值

年份	GMV预计（亿元）	P/GMV预计	电商市值估计数（亿美元）	对应每股股价（美元）（当前股数计算）
2017	9 214.8	0.06	552.89	38.96
2020	18 798.85	0.04	751.96	52.99

1.6 进一步分析：业务模块分部估值

京东通过上市后数年的发展，已经不仅是一家电子商务公司，其业务已经拓展到物流、互联网金融等新领域。考虑到京东的物流业务和金融业务与商城业务的分界较为清晰，可以对这三部分业务分别采用各自最为合适的方法进行估值，再进行加总得到公司整体的估值。

由于京东的其他业务并没有上市，所以现金流数据难以获得。对京东物流而言，考虑使用相对估值法进行估值分析，并参考顺丰作为京东物流对标的可比公司。对成立不久仍在融资阶段的京东金融而言，直接参考其最近一次融资的估值可能是一个更好的选择。

首先，对京东物流这一分部进行估值。根据前面的介绍，虽然京东物流在国内的市场份额仅有4%，但依靠自建的完善的物流系统，能够提供与我国国内物流龙头企业顺丰质量相当的服务，同时保持低于行业平均水平的每单成本。随着京东物流在2017年正式开放对自营业务以外的订单提供配套服务，以及京东商城不断上升的GMV，可以预期京东物流将扩大自身的市场份额，未来估值有望对标行业龙头企业，估值水平也逐步向顺丰目前的水平靠拢。

表 1-12 是国内主要的已上市的物流企业的市值情况。

表 1-12 **已上市的物流企业的市值情况**

经营方式	企业名称	市场份额	市值
自建	京东物流	4%	—
	顺丰	8%	2 374（亿元）
特许经营	申通	10%	374（亿元）
	中通	14%	121（亿美元）
	圆通	14%	512（亿元）
	韵达	10%	544（亿元）
平台型	菜鸟	无	515（亿元）

数据来源：以上指标基于 Wind 提供的 2017 年 11 月 17 日的数据计算。

京东物流目前的市场估值水平大约是 50 亿美元，国内特许经营类的物流企业在上市之后估值都达到了 500 亿元左右的水平，而国内的标杆企业顺丰虽然在市场份额方面不及“三通一达”，但仍然在资本市场享受到了数倍于它们的高估值。依托京东商城的大平台优势，京东物流仅依靠自营业务的订单就占据了 4% 的份额，较低的订单履约成本是其把业务扩展到第三方商家的有力竞争力。就目前而言，京东物流的合理估值应当至少与特许经营类的物流公司类似，预计到 2020 年，实现业务拓展和技术革新的京东物流能够享有与顺丰相当的估值水平，即 2017 年合理的估值水平为 550 亿元人民币，到 2020 年达到 2 200 亿元人民币，据此计算的京东物流的估值水平见表 1-13。

表 1-13 **京东物流的估值**

年份	估值预计（亿元）	当前汇率折算	美元估值（亿美元）	对应每股股价（美元）（当前股数计算）
2017 年	550	USD/CNY=6.6	83.33	5.87
2020 年	2 200	USD/CNY=6.6	333.33	23.49

对于京东金融部分的估值，直接采用最近一次融资时的估值（500 亿元人民币）作为当前的合理估值水平。同时，对于京东持有的其他长

期股权投资（如永辉超市 10% 股份、达达 47% 股份等），对其中已经上市的直接采用市值乘以持股比例的方式进行估值，对于未上市的则类比京东金融采用最近一次融资时的估值数据，见表 1-14。

表 1-14 **京东权益类投资业务的估值**

主要的权益性投资对象	持股比例	所属行业	估值水平（亿元人民币）	归属于京东的份额（亿元人民币）
永辉超市（601933：CH）	10%	超市	918	91.8
易车（BITA：US）	25.7%	汽车互联网	183.5	47.2
达达（未上市）	47%	同城配送	67	31.5
途牛（TOUR：US）	20.7%	在线旅游	75.3	15.6
金蝶（00268：HK）	10.0%	云服务	108.5	10.9
易鑫资本（未上市）	14.2%	车贷金融	80	11.4
天天果园（未上市）	17.8%	生鲜产品	7	1.2
合计数				209.6

数据来源：根据 Wind 数据获得上市公司的市值，均取 2017 年 11 月 17 日收盘价数据。

汇总以上京东金融和持有的权益类投资的估值情况，得到表 1-15 的结果。

表 1-15 **京东金融和权益类投资估值汇总**

年份	估值合计（亿元人民币）	当前汇率折算	美元估值（亿美元）	对应每股股价（美元）（当前股数计算）
2017	709.6	USD/CNY=6.6	107.5	7.58

最后，根据分部加总估值法的原理，加总各个分部的估值，得到公司整体估值水平为 52.4 美元/股，这是基于对京东各个分部业务的分析、对未来发展趋势的预测及对 GMV 与公司价值的内在相关性、分部加总估值法的适用性等假设得出的（见表 1-16）。我们应注意：该估值水平下京东的股价与京东当前市场上的股价（2017 年 11 月 17 日为 40.25 美元/股）有一定差距。

表 1-16　　**京东的整体估值**

分部	人民币估值（亿元）	美元估值（亿美元）	对应当前每股股价（美元）
京东商城	3 649	552.89	38.96
京东物流	550	83.33	5.87
京东金融	500	75.76	5.34
权益类投资	209.6	31.76	2.24
合计	4 908.6	743.74	52.4

下面用本部分得到的估值与当前的实际股价一起计算其他股票的市值指标，同时考虑与京东较为相似的互联网巨头阿里巴巴。由于营业收入和 GMV 等属于经营成果指标，一年只公布一次年度数据，这里选用 2016 年的数据来进行简单的横向比较。可以看出，使用 P/GMV 和分部加总估值法得到的对于京东 52.4 美元/股的估值虽然抬高了其他股票市值比率的水平，但修正后的这一水平实际上十分接近阿里巴巴当前股价对应的水平（P/B 修正后为 9.58，接近阿里巴巴的 9.62；2016 年 P/GMV 修正后为 0.113，接近阿里巴巴的 0.124）。此外，从营业收入来看，市值数倍于京东的阿里巴巴实际上 2016 年实现的营业收入甚至低于京东，这可能是收入确认口径的不一致或是业务结构的差异所致，因为阿里巴巴无论是天猫商城还是淘宝网，都是以第三方平台的形式经营为主，业务结构类似于京东的第三方平台业务，即只按照销售佣金的比例确认营业收入，其中天猫商城的佣金率大致为京东的一半，而淘宝网几乎不收取销售佣金，这是造成阿里巴巴有着数倍于京东商城的 GMV 水平却在营业收入上不及京东的主要原因。但京东 2016 年修正后的 P/营业收入从 1.53 上升至 1.98 仍处在合理的范围内（见表 1-17）。

表 1-17　　**京东与阿里巴巴的估值对比**

	P/GMV 估值	京东	阿里巴巴
股价水平（美元/股）	52.4	40.25	185.18
P/B	9.58	7.38	9.62
P/营业收入（2016）	1.98	1.53	20.41
P/GMV（2016）	0.113	0.087	0.124

数据来源：根据 2017 年 11 月 17 日 Wind 的数据计算得出。

结合近一年来的股价走势来看，在2016年末阿里巴巴的股价仍在100美元/股以下徘徊，京东的股价也始终未持续突破30美元/股，均是处于上市以来的低谷。进入2017年后，阿里巴巴的股价翻了将近一番，京东的股价也一路上涨了50%以上，但涨幅不如阿里巴巴。出现这种情况可能是源于投资者对于京东定位的判断，但京东并非是始终跟随国内电商巨头阿里巴巴的“电商老二”，而是一家与阿里巴巴一样各具优势的企业：京东商城一直以来都有着更优质的产品和服务；京东物流的成本控制、新技术的革新及配送效率都是国内领先水平，部分指标甚至超过顺丰；近年来京东在发展思路上也逐步明晰，积极开展更为多元的且与电商业务相辅相成的新业务，通过战略合作引入流量和发展线下以更大程度发挥自己的竞争优势，逐步开放自身优质服务给第三方平台的商家，以增加市场份额。

与京东商城更为相似的不是天猫商城，而是同样注重自营业务、拥有自建物流的亚马逊（表1-18为京东与亚马逊部分估值指标的对比，在P/GMV估值下，表中指标相对于基于当前的股价计算的该指标而言，数值更接近亚马逊的水平）。

表1-18　　**京东和亚马逊部分估值指标的对比**

	P/GMV估值	京东	亚马逊
股价水平（美元/股）	52.4	40.25	1 129.88
P/B	9.58	7.38	22.08
P/营业收入（2016）	1.98	1.53	3.378

数据来源：根据2017年11月17日Wind的数据计算得出。

虽然目前京东物流在国内市场占据的市场份额不大，但京东物流凭借自身领先的技术研发和服务质量，对标的也不是特许经营类的国内物流企业，而是作为国内标杆的顺丰，因此，在使用股票市价比率指标时，预计京东的股价在达到其合理估值水平的条件下，计算出来的股票市值比率指标的具体比值有着与阿里巴巴相当的倍数是合理的。

综合来看，阿里巴巴和京东都是仍然具备着无限发展潜力的我国互联网企业的代表，京东是目前最有可能改变BAT三足鼎立格局的互联网新锐之一，而通过 P/GMV 估值和分部加总估值法得出的 52.4 美元/股与当前股价的差异可能正是这种潜在机会的体现。

1.7 案例小结

京东的未来将是怎样的呢？是跻身或取代 BAT 中的一角成为我国互联网企业新的标杆，还是始终难以变现其价值最终走向泡沫的破灭呢？我们不得而知。但在本章中我们通过引入 GMV 的相对估值法替代传统的相对估值法对京东的商城业务进行估值，并通过分部加总得到整体估值，使我们能够更全面地解读京东独特的发展潜力。P/GMV 估值向我们揭示了京东虽然尚未盈利但仍能够支撑起其数百亿美元的估值的主要原因，互联网企业的价值并不一定反映在传统的会计或财务指标当中。此外，京东是一家不同于阿里巴巴的企业，对于它能够发展到怎样的高度我们难以预料，但它有着足够的能力作为基础去创造属于京东的新的历史。

第2章　梅特卡夫定律在互联网公司估值中的应用：以腾讯、Facebook等为例

2.1　网络经济与互联网公司

我们常常听到“网络经济”这个词，这一概念可以追溯到20世纪80年代，是由日本学者提出的，指在商业、运输业等第三产业中存在的网络联系，而现在这一概念指的是一种建立在计算机网络上的、以现代信息技术为核心的新的经济形态，更准确地说是互联网经济。网络经济有以下3个基本特征：

1. 快捷性

随着互联网的不断发展，世界各地的联系变得愈加快捷和紧密。互联网突破了国家、地区间的界限和边际，使得世界各地的联系不受传统的时空限制。在网络上，不同地区的人们可以同时进行沟通和联系，对空间的依附性降低；网络具有极高的信息传递效率，人们通过互联网去交换、获取信息所需的时间更少。网络经济活动可以24小时不间断进

行，并且几乎是以即时的速度对信息进行收集、处理和运用。网络经济的快节奏特点要求交易者对信息敏感并快速做出决策，以应对高速变化的经济环境。

2. 自我膨胀性

自我膨胀性是网络经济的内在特性，摩尔定律[①]、梅特卡夫定律和马太效应[②]为其主要表现形式，也称为网络效应。英特尔公司创始人戈登·摩尔在总结存储器芯片的增长规律时提出了摩尔定律，他认为微处理器的性能每隔 18~24 个月会提高 1 倍，或价格会下降一半，这反映了信息技术进步的速度。梅特卡夫定律反映了用户的价值，用户数越多，网络的价值增长越快。马太效应反映了“强者愈强，弱者愈弱”的情形，在网络经济中规模效应是正反馈的，网络价值的增长进一步促进了规模的扩大，当规模达到一定程度后，就会出现“赢者通吃”的局面。

3. 边际效益递增性

与传统经济的边际递减效应不同，边际成本递减和信息的独特效应会导致网络经济呈现出边际递增效应。

网络建设和维护成本、信息传递成本、信息收集处理制作成本构成了网络经济的主要成本。期初投入高额固定成本进行网络的搭建，网络建设完成后建设成本不再随信息量增加而增加；维护成本会有一定的提升；信息传递成本、信息收集处理制作成本不会随着用户数的增多而发生变化，即平均成本会下降，边际成本下降。

信息的独特效应体现为信息的复制成本极低，一旦信息获取或者信息产品生产完成后，从第二件开始的成本极低或者说几乎为 0，产品数量的增加使得产品的平均成本下降，从而获得规模收益。除此之外，信息的累计效应、创新效应等也是网络经济边际效益递增的重要原因。

与传统的经济形态不同，互联网企业在网络经济发展中形成了特殊

---

① 摩尔定律即当价格不变时，集成电路上可容纳的元器件的数目每隔 18 ~ 24 个月便会增加 1 倍，性能也将提升 1 倍。换言之，每 1 美元所能买到的电脑性能将每隔 18 ~ 24 个月增加 1 倍。该定律是由英特尔（Intel）创始人之一戈登·摩尔（Gordon Moore）于 1965 年提出来的。

② 马太效应即强者愈强、弱者愈弱，是美国科学史研究者罗伯特·莫顿（Robert K. Merton）于 1968 年提出的。

的竞争法则。由于信息创造、传递、收集速度大大提升，信息规模以指数型扩张，新产品、新热点层出不穷，注意力成为稀缺资源，如何最大程度地吸引消费者并将其培养成潜在用户，同时提高用户的留存率是公司的战略之一。为在初期获取大量用户，企业常常通过免费或者大量的补贴等策略来争夺用户，会产生比较大的资金缺口。经过激烈的竞争后，领先者存活，其他公司面临破产或者被收购合并的困境，而新进入者有巨大的进入壁垒，一旦形成竞争格局后，马太效应凸显，处于领先地位的公司产生规模经济，有较强的溢价能力，开始扭亏为盈，即通常所说的“强者恒强，赢者通吃”现象。当用户数量足够大时，公司未来进行商业变现活动，如广告植入、商户合作等，将产生强大的获利能力。

在独特的网络经济和特殊的竞争法则下，互联网公司与传统的公司存在以下几点不同：

第一，互联网公司在实现平稳营收前有一段长时间的发展期。互联网公司在起步阶段是一个不断研发、调整的过程，并且为开拓市场常常以免费或者低价的经营方式来获取用户及流量，在初期收入少、成本高，存在大量的融资需求，财务状况表现为亏损且会进一步扩大；当产生一定的规模经济后，总成本增加，同时收入大幅提升，财务状况可能表现为亏损幅度降低；当进入成长期后，公司开始盈利，规模进一步壮大；进入成熟期后，互联网公司的用户规模、盈利模式等相对固定，有稳定且持续的现金流。

第二，互联网公司初期发展周期短，商业模式调整迅速。由于网络经济的快捷性，面对信息时代的高速发展，互联网企业要准确判断形势，抓住时机，同时由于互联网公司的资产多为轻资产，初创期进入门槛低，同质化较为严重，为获得进一步发展，需要不断地对市场信息进行分析评估，及时对商业模式进行调整。例如，在共享单车领域，当摩拜和ofo进入大众视野并成为热点时，小蓝单车、小鸣单车等层出不穷，一年后则只剩下两大巨头，同时ofo在融资过程中，其商业模式一直在调整。

第三，互联网公司异质性明显，对应的可比公司较少。互联网公司的商业模式调整快速，在不同发展阶段、不同细分领域的商业模式不同，即使在同一领域，规模不同的公司也存在显著的差异，可比标的较少。

第四，互联网公司以轻资产为主要特点，市净率很高，更多的是依靠用户网络、品牌等来体现价值，而不仅仅是公司净资产。

数字时代的三大思想家之一 Gilder 认为摩尔定律、梅特卡夫定律、马太效应是网络经济的三大特点，这也是互联网公司竞争时遵循的规律，其中梅特卡夫定律引发了大家对网络价值的关注。

2.2 什么是梅特卡夫定律

3Com 公司的创始人、以太网的发明者罗伯特·梅特卡夫首次提出了梅特卡夫定律（Metcalfe's Law），该定律表明网络的价值与网络中的用户数的平方成正比，即：

$$V=EM^2$$

其中：V 是公司价值；E 是系数；M 是网络中的用户数。

这个定律起源于 19 世纪 80 年代 3Com 公司销售网卡时采用的一种营销策略，是梅特卡夫给销售人员的销售材料的内容之一。如图 2-1 所示，当网络很小时，它的成本就会超过它自身的价值；当网络增大并且超过临界点时，会产生净收益。成本与设备数成线性关系，与 N 成正比；网络系统的价值随着设备数增加而加速变化，与 N^2 成正比，这是因为将设备看成一个个节点，N 个节点中每个节点都能够连接另外的（N-1）个节点，网络系统的价值与 N（N-1）成正比，近似于 N^2。这一销售策略促使客户购买更多数量的设备，业绩有了显著的提升。1993 年，Gilder 正式命名其为梅特卡夫定律，并逐渐被大众所知悉。梅特卡夫定律、摩尔定律与吉尔德定律[①]被称为网络价值理论的“三大定律”。

① 乔治·吉尔德（George Gilder）曾预测在未来 25 年，主干网的带宽每 6 个月增长 1 倍，其增长速度是摩尔定律预测的 CPU 增长速度的 3 倍，并预言将来上网会免费，1996 年被命名为吉尔德定律。

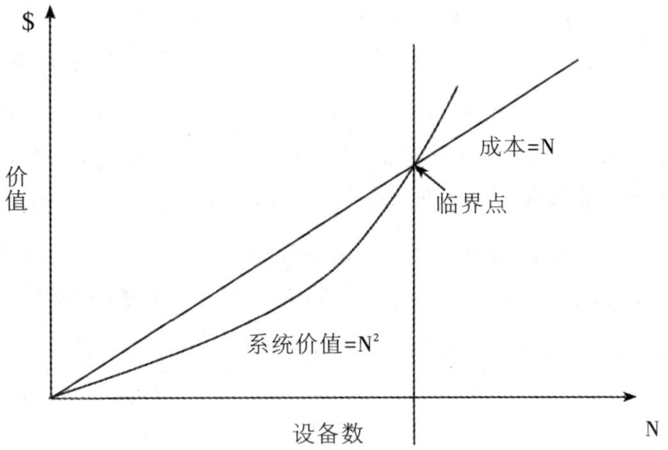

图 2-1 梅特卡夫定律示意图

梅特卡夫定律被提出后，绝大部分学者认为这个定律高估了网络价值，主要存在以下两大类观点：第一类观点认为边际收益递减。Rohlfs（2002）提出，如果第一个使用者在网络中是价值最大的，那么后来的使用者提供的价值会降低，所以梅特卡夫定律的边际收益递增会高估网络价值。Odlyzko 等（2006）认为，梅特卡夫定律的根本缺陷在于对所有关系或所有群体赋予同等的价值，此外，如果梅特卡夫定律是正确的，不管网络的规模大小，网络都应该互联，但在现实世界中，往往只有规模大致相同的公司才会倾向于互联，这就产生了矛盾。在实际情况中，当规模较大的网络在与较小公司互联时，较小公司获得的收益更大，所以与规模较小的网站互联往往需要额外的补偿，用 Nln（N）价值评估更符合现实情况，ln（N）来自于齐普夫定律。齐普夫定律是 19 世纪 40 年代美国语言学家 Zipf 提出的词频分布定律。Zipf 研究发现，英语文本中最常见的单词“the”通常占所有出现单词的比例接近于 7%，第二常见的单词为“of”，占所有出现单词的比例约为 3.5%，第三常见的单词“and”，占比则为 2.8% 左右。这表明，对特定集合中的内容按照大小或规模等排序后，排名第二的项目占整体集合的比重约为排名第一项目的 1/2，排名第三的项目所占比重则约为排名第一项目的 1/3，递推得到排名第 k 的项目所占比重为排名第一项目的 1/k。齐普夫定律是基于统计结果的经验规律，除语言学外，在地理学、经济学等方面也有广泛应用，如对城市人口、博客读者数量的统计等。对于网络的任一节点而言，与其他（N-1）个节点的关系并不是等权重的，在关系中排名第一的节点的贡献度为1/1，排名第二的节点的贡献度为1/2，以此类推，排名第k的节点的贡献度为1/k，合计为1+1/2+1/3+…+1/（N-1），即ln（N）的贡献度，N个节点的网络价值为Nln（N）。第二类观念是用户的异质性问题。Christopher（2005）认为，网络中不同的人想从网络中获取的价值不同，网络的设计并不能使每个人都满意，在选择加入哪个网络时，会考虑网络的规模大小和网络能够带来的价值两方面因素，网络的融合能否带来价值的提升最终取决于用户的异质性需求。

对于网络的价值与节点数的关系，Reed（2009）认为，互联网不仅支持个人与个人的连接，还有将个体连接为群体的方式；人们加入网络，并不只是为了与个人建立联系，而是为了参与不同方式互联的群体，即潜在群体数目的增长要比潜在的连接数目的增长更快。群体构建网络的价值随着网络人数的增加而出现几何级增长，例如AOL的聊天室、雅虎的邮件列表等就是以这种方式增长的。

网络价值与节点的关系具体有以下几种表现形式：第一种是线性关系（$V \propto N$），是由RCA公司的总经理Sarnoff推广的，他也是美国无线电和电视广播的先驱，其认为广播网络的价值以线性增长，之后被称为萨尔诺夫定律（Sarnoff's Law）。第二种是平方关系（$V \propto N^2$），即梅特卡夫定律。梅特卡夫定律认为，通信网络的价值与节点数的平方成正比，节点数指接入的电话、电脑或者用户数。第三种是指数关系（$V \propto 2^N$），由计算机网络和软件业先驱Reed（2009）提出。他认为，群体所构建的网络价值将随着网络人数的增加而出现几何级增长，并将这种关系称为里德定律（Reed's Law）。第四种是对数关系（$V \propto N\ln(N)$），由Odlyzko（2006）提出。Odlyzko认为，不同关系应当赋予不同的权重，而网络价值应该满足对数关系，并将这种关系称为奥德林克定律。

2013年，梅特卡夫对梅特卡夫定律重新进行了梳理，并用2004—2013年Facebook的月活跃用户数（Monthly Active Users，MAU）与每年年收入的关系进行实证分析。梅特卡夫将萨尔诺夫定律、梅特卡夫定律、里德定律、奥德林克定律进行了对比，里德定律中网络价值与 2^N 成比例，比 N^2 增长速度更快；而奥德林克定律中的网络价值 Nln（N）与梅特卡夫定律一样是无边界的，且是没有数据支持的。梅特卡夫认为，网络的节点数增长是有边界的，他提出了节点趋势曲线，类似于生存曲线（s 形曲线）。他采用 2004—2013 年的 Facebook 月活跃用户数进行拟合，发现 Facebook 的月活跃用户数仍未达到增速最高值，即 2014 年的用户量还没到最终用户量的 50%；再用每年年收入作为网络价值的代理变量，与 N^2 进行拟合，拟合效果较好，收入高于预测值的部分可能是因为 Facebook 的广告收入的影响。

张星洲等（2015）基于梅特卡夫的实证检验，用萨尔诺夫定律、梅特卡夫定律、里德定律、奥德林克定律对腾讯和 Facebook 的月活跃用户数和年收入进行拟合，发现梅特卡夫定律的 N^2 拟合效果是最好的；同时，年成本用 N^2 拟合效果比 N 好，这与梅特卡夫定律示意图中成本是线性的相矛盾，用梅特卡夫提出的节点趋势曲线对月活跃用户数均有较好的拟合效果，实证表明，尽管腾讯和 Facebook 在收入、成本、商业模式及技术上都有差异，但其收入与月活跃用户数之间的关系服从梅特卡夫定律。

2.3 用户数与互联网公司估值

梅特卡夫定律 $V=EM^2$ 是对网络价值的估计，对梅特卡夫定律进行实证检验时，V 采用公司的收入，M 采用月活跃用户数。腾讯和 Facebook 都是互联网公司，以网络为基础，公司的收入在一定程度上是用户为加入这个网络所支付的对价，也就是网络对用户的价值体现。月活跃用户数是指一个自然月内使用 App 的人数合计，是相比于流失用户而言的。活跃用户数相比于总用户数而言是在网络中可以连接到的节点，剔除了不再使用 App 即孤立的节点这些数据，相对而言较为合理。

对梅特卡夫定律进行实证检验时，基于互联网公司社交网络的相似性，在对互联网公司进行估值时，与传统的基于现金流、收入等财务数据不同，网络经济的规模效应更加明显，社交网络的价值也是企业价值之一，对互联网企业起着决定性的作用。梅特卡夫定律在一定程度上是网络规模经济的体现。摩根士丹利分析师 Meeker（1995）基于梅特卡夫定律提出 DEVA 估值方法（Discounted Equity Valuation Analysis），即：

$$E=MC^2$$

其中：E 为项目的经济价值；M 为单体投入的初始成本；C^2 为用户资源价值。

单体投入的初始成本可以由固定成本与用户数量的比值来确定，用户资源价值可以由单一用户数的平方来描述。DEVA 估值方法的基本依据是网络经济的规模效应，主要适用于处于初期阶段的公司或项目，这一估值方法催生了新一轮的并购浪潮。

梅特卡夫定律对初期的互联网公司有一定的适用性。对社交网络公司而言，网络规模经济是公司发展的巨大驱动力，具有很强的成长性，对梅特卡夫定律的适用性较强，所以用梅特卡夫定律进行价值评估具有一定的合理性。互联网公司的价值可以用股价来体现，股价反映了在不同时期投资者对公司的预期，特别是互联网公司，很高的市盈率反映了除资产外公司对用户量、技术等的评估与预期。与张星洲等（2015）不同，本章用萨尔诺夫定律、梅特卡夫定律、里德定律、奥德林克定律对社交网络公司——腾讯和 Facebook 的月活跃用户数和当期股价进行拟合，来研究用户数与互联网公司价值是否存在一定的关系，即梅特卡夫定律是否适用于互联网公司估值。

2.4 梅特卡夫定律的拟合：腾讯与 Facebook

2.4.1 公司简介

腾讯成立于 1998 年 11 月，是国内一家互联网增值服务提供商，致力于通过互联网服务提升人类生活品质，战略目标是“连接一切”，为海量用户提供社交平台与数字内容两项核心服务。1999 年 2

月，腾讯推出首款即时通信工具QQ，2003年8月推出休闲游戏平台“QQ游戏”，进军游戏领域，随后推出社交网络平台QQ空间，并提供QQ秀、会员等一系列增值服务。2004年6月，腾讯控股有限公司在中国香港主板上市（00700.HK）。2011年，推出移动社交和通信服务——微信和WeChat，通过QQ用户的导流、手机通讯录的导入，腾讯快速建立起移动社交网络，2013年1月微信和WeChat总注册用户数突破3亿。2015年，腾讯布局移动支付及互联网金融，使其成为新的盈利增长点。腾讯通过QQ、微信、WeChat、门户网站腾讯网、腾讯游戏、社交网络平台QQ空间、小程序等网络平台，满足人们社交、资讯、娱乐、金融等全方位高质量的需求。腾讯依托8.61亿的QQ月活跃用户数及9.38亿微信和WeChat月活跃用户数，使移动增值业务、互联网增值业务、游戏业务和广告业务等主营业务快速持续发展。

Facebook于2004年2月创立，是全球最大的基于真实用户个人信息建立的社交网络平台，主要创始人为马克·扎克伯格，总部位于美国加利福尼亚州的门洛帕克。Facebook于2007年推出广告服务Facebook Ads，用户之间可以发送虚拟礼物；2010年7月活跃用户数超过5亿；2011年Facebook把聊天应用Messenger做成独立的应用；2012年2月在纳斯达克上市（FB.O），同年收购照片共享应用服务商Instagram公司；2013年收购移动社交平台WhatsApp。Facebook及其旗下拥有的WhatsApp、Messenger、Instagram等移动社交网络平台共同打造社交产品矩阵，基于不同社交关系的社交人群均成为目标用户。得益于Facebook的20亿月活跃用户数和精准化的广告营销，公司收入的90%来源于广告，包括横幅广告、订制式广告、第三方资源自主广告及视频广告等众多形式。

腾讯和Facebook作为全球社交的两大巨头，把全球月活跃用户数（MAU）排名前五的App均囊括其中，微信第三，第一、二、四、五分别为Facebook公司旗下的Facebook、WhatsApp、Messenger和Instagram。虽然两者均是基于巨大的社交网络，但是盈利模式不太相同：相比而言，腾讯的收入组成更加多元化，游戏、广告为主营业务，移动支付、云服务等也是新增的盈利增长点；Facebook 则更专注于社交，营业收入基本来自于广告收入。

2.4.2 估值结果

为研究互联网公司股价与用户数的关系，需要得到每年的股价及用户数据，腾讯于 2004 年上市，因此，数据选取时段为 2004—2016 年。由于每个交易日的股价都在变动，按照每个时期（每年）最后一个交易日的股价进行研究存在一定的偶然性，故选取时间段内复权后的每日收盘价的最高点和最低点的平均值作为公司股价的反映，股价采用港元计价。用户数用月活跃用户数（MAU）来反映。由于腾讯主要的社交网络为 QQ 和微信，微信推出时间较晚，2011 年才正式推出，但同时微信的部分用户是通过 QQ 导流的，微信的发展会减少 QQ 的原有月活跃用户数，故采用财务报告上公布的 QQ 和微信 WeChat 的合并月活跃用户数来表示腾讯的整体用户数目。

Facebook 与腾讯不同的是，由于 Facebook 于 2012 年正式上市，按照年度划分数据量较少，故采用 2012—2016 年的数据，以半年为单位划分时间段，每个时间段的股价也用每日收盘价的最高点和最低点的平均值作为公司股价的反映，股价采用美元计价；在用户数上，采用 Facebook 财务报告上公布的月活跃用户数进行衡量。

变量定义见表 2-1。四种衡量网络价值的定律及对应模型见表 2-2。当网络节点数为 0 时，网络价值也应该为 0，故里德定律采用 a（2^N-1）这一表达式。

表 2-1 **变量定义**

变量	单位	定义
V	HKD（USD）	公司股价
N	MAU	月活跃用户数

表 2-2 **用户数与网络价值的模型**

定律	模型	参数单位
萨尔诺夫定律	V=aN	a：HKD（USD）/MAU
里德定律	V=a（2^N-1）	a：HKD（USD）/MAU
梅特卡夫定律	V=aN^2	a：HKD（USD）/MAU^2
奥德林克定律	V=aNln（N）	a：HKD（USD）/MAU

从实证结果中发现梅特卡夫定律的价值模型拟合效果最好。对腾讯的股价回归中，萨尔诺夫定律、梅特卡夫定律、里德定律、奥德林克定律的均方误差（MSE）分别为21.92、35.08、5.829和20.58（如图2-2所示）；对于Facebook，四个模型的均方误差分别为22.54、23.28、9.2和21.7（如图2-3所示）。梅特卡夫定律的回归结果是最优的。腾讯和Facebook的历史股价与相对应的月活跃用户数的平方存在正比关系，系数分别为5.809×10^{-17}和4.302×10^{-17}，整体而言，互联网公司的价值用梅特卡夫定律估值是存在一定可行性的。

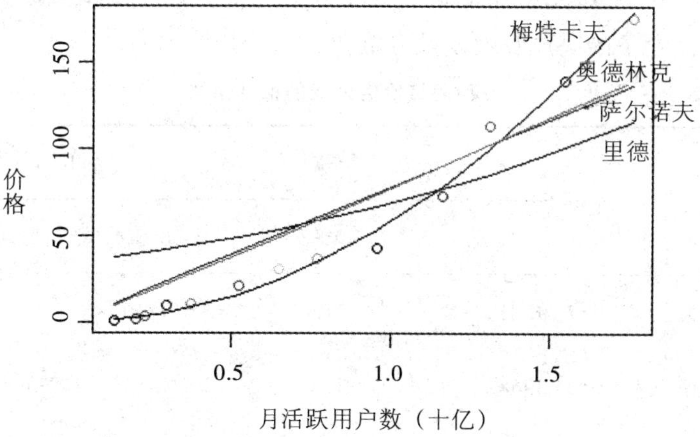

图 2-2 腾讯股价拟合结果

从表2-3中腾讯和Facebook的比较而言，腾讯的股价拟合效果更好，可能原因是选取的时间段较长，用户价值变化更明显，对股价的解释力度更强；另一方面，Facebook从2012年开始已进入成长期，公司

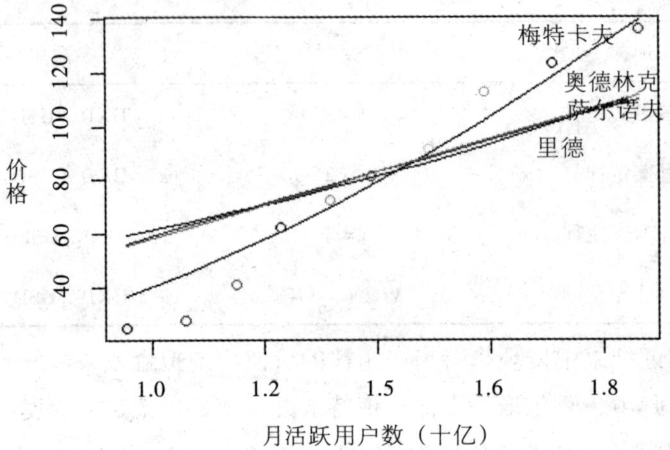

图 2-3 Facebook 股价拟合结果

的盈利模式较为稳定，Facebook 对 WhatsApp 等产品进行合并，出现了较明显的协同效应，但月活跃用户数仅选取 Facebook 这一社交平台的数据，与总的月活跃用户数存在一定差异。腾讯 2017 年上半年的月活跃用户数达到 18.13 亿人，股价平均为 238 港元/股，按照公式算出平均股价大约为 190.94 港元/股，这个差距可能是由于爆款手游带来的收入、手游业务的高成长性以及金融业务的增长导致的。

表 2-3 4 种网络价值公式的拟合结果

定律	腾讯		Facebook	
	价值公式	MSE	价值公式	MSE
萨尔诺夫定律	$V=7.795\times10^{-8}\times N$	21.92	$V=5.919\times10^{-8}\times N$	22.54
里德定律	$V=34.396\times2^{-9}\times（2^{N}-1）$	35.08	$V=20.771\times2^{-9}\times（2^{N}-1）$	23.28
梅特卡夫定律	$V=5.809\times10^{-17}\times N^{2}$	5.829	$V=4.302\times10^{-17}\times N^{2}$	9.2
奥德林克定律	$V=3.739\times10^{-9}\times N\ln（N）$	20.58	$V=2.811\times10^{-9}\times N\ln（N）$	21.7

2017 年上半年，腾讯的爆款手游《王者荣耀》表现抢眼，最高日流水达到 2 亿元，一季度流水超过 120 亿元，二季度（淡季）仍维持

月均流水超过20亿元。这款游戏是“5V5英雄公平对战手游”，属于MOBA类，其明显特点是以微信、QQ社交为基础，引导玩家进行游戏社交，如好友系统、观战系统、排行榜、社区等。这款游戏使得微信单用户的付费率得到进一步提升，即社交网络的价值随着社交密切性的提高而提升。不可否认的是，2017年腾讯股价的迅猛增长与《王者荣耀》所带来的价值使得腾讯内在价值上升有关，但内在价值是否如股价一样高增长值得商榷，故而需单独对《王者荣耀》进行估值。

首先，基于《王者荣耀》的流水情况，采用市盈率法对其进行估值。《王者荣耀》2017年一季度月均流水达到30亿元，二季度超过20亿元，有一定的回落，稳定状态下月流水能达到20亿元，年流水达到240亿元。流水一般指的是玩家充值的金额，类似于预收款，经消费后确认为收入，考虑永续状态下年流水和年收入相差不大，故用年流水代替年收入。

其次，对净利润率进行估计。由于前期研发成本固定，收入随用户数的增加而增加，后期运维成本则变化不大，因此，手游公司的收入越高，则净利润越高。专注手游的上市公司IGG[①]的净利润率约为20%，2017年头部手游《王国纪元》带来的高流水使得IGG的净利润率进一步提高到30%左右。腾讯整体的净利润率为23%，游戏板块的净利润率比整个集团的净利润率高，故可以推测《王者荣耀》的净利润率达到40%左右，净利润大约为96亿元。A股和港股游戏公司的平均市盈率为20倍左右，《王者荣耀》的估值为1 920亿元人民币，约为2 286亿港元；按照腾讯的45倍市盈率来估计，《王者荣耀》估值约为5 094亿港元（95亿股普通股），大约每股53港元。

基于梅特卡夫定律估值模型预测的腾讯2017年上半年的平均股价约为190港元/股，叠加《王者荣耀》的价值可达到243港元/股，与上半年的均价238港元/股较接近。上述的估值考虑到数据的平稳性，采用股价最高与最低的平均值，若用每年年末的股价替换均价，仍可以得到梅特卡夫定律对股价的拟合是最优的结果（如图2-4所示），价值公

① 第5章有IGG的案例分析。

式为 $V=6.309\times10^{-17}\times N^2$。由腾讯 2017 年中报、三季报得知，MAU 分别为 18.13 亿和 18.23 亿，6 月底和 9 月底的股价为 279 港元/股和 336 港元/股，根据估值模型预测的股价分别为 207 港元/股和 209 港元/股，叠加《王者荣耀》的价值可达到 260 港元/股和 262 港元/股，可以发现腾讯股价是被高估的。腾讯的 MAU 增速明显放缓，为保持高增长，需要提供更多元的服务来提高单用户付费率，因而，腾讯拓展手游业务、朋友圈定向广告、金融服务等增值服务是其发展的必然需求。

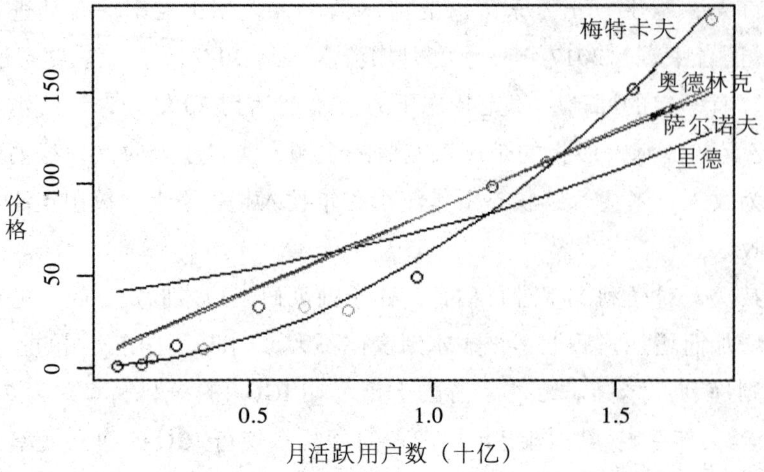

图 2-4　基于年末股价数据的腾讯股价拟合结果

最后，分析 $V=EM^2$。互联网公司在不同的生命周期提升公司价值 V 的方式有着一定的差异：在发展期，公司以通过用户数量 M 的增长提升公司价值这一方式为主；进入成长期或成熟期后，用户数量 M 的增速放缓，更多的是在形成稳定的用户数量 M 后，通过拓宽盈利点、提供多种类型的服务来提升单用户价值 E 以提升公司价值。从这个角度来看，腾讯、阿里巴巴等互联网巨头进行多元化兼并收购，基于庞大用户群体提供各类型的服务及消费场景，正是成熟期通过提升单用户价值来提升公司价值的表现之一。

2.5 基于梅特卡夫定律的其他估值模型

2.5.1 模型介绍

互联网企业的发展周期短、技术更迭快、盈利性弱且变化幅度大等特点，使得用传统方法难以对互联网公司进行准确全面的估值，国内学者对互联网公司估值也提出了很多创新方法，其中有一部分便是基于梅特卡夫定律的估值模型。

腾讯创始人之一曾李青在2014年提出互联网的价值表达式：

$$V = K \times \frac{N^2}{R^2}$$

他认为网络价值除了与节点数有关之外，还与节点间的距离有关，而网络节点间的距离与连接时间、速度、界面、内容四大因素有关。具体而言，使用门槛越低、用户到达的距离越短、连接的时间越短、响应的速度越快，则节点间的距离越短；用户的使用频次和黏性越高，节点间距离越短。除此之外，得益于科学技术的进步和基础设施的建设，由此带来的诸如4G的普及、移动端的广泛应用等是节点间距离变短的重要外生因素之一。

国泰君安的王德伦等提出基于用户的互联网估值方法，其基本公式为：

$$V = K \times P \times \frac{N^2}{R^2}$$

其中：V为互联网企业的价值；K为变现因子；P为溢价率系数；N为网络的用户数；R为网络节点间的距离。

基于梅特卡夫定律，公司的价值与用户数的平方成正比关系；变现因子K体现企业的变现能力，需要用综合企业的商业模式和发展阶段来衡量；溢价率系数P体现的是网络经济中的马太效应使得领先者有一定的溢价，企业在所属行业细分领域的地位与公司的价值有密切的关系；R^2指的是节点间的距离，在外部因素相同的条件下，内生因素如内容的提升、网络连通度的提升能够反映出一定的节点间距离的差距。

国泰君安给出的估值模型更多的是基于定性分析，定量分析则相对困难，原因是：一方面，节点间的距离、溢价率系数等很难刻画；另一方面，网络的用户数多，相应使得节点间距离降低，公司的溢价率系数强，公司的议价能力相对强，变现能力也相应受到影响，这几个因素存在明显的相关性，具体的包含或者影响关系难以分清。

基于国泰君安的模型，也有学者尝试进行互联网公司的具体估值分析。李岱桐（2016）利用 $V = K \times P \times \frac{N^2}{R^2}$ 这一公式，以合一集团为可比公司对乐视网进行估值，并对指标进行量化，采用付费业务收入与付费会员的比例来衡量乐视网的变现能力，采用广告收入与日均浏览量的比值来衡量合一集团的变现能力；溢价率系数采用 Aleax 排名网站的细分行业排名来衡量，用户数 N 采用月活跃用户数来衡量，节点间距离采用 Aleax 排名中两个网站的实时访问速度进行比较，通过参考公司的价值和各对比系数的乘积，得到乐视网的内在价值。范声焕（2016）对国泰君安的模型进行改进，认为公司价值与用户数的关系应调整为 Nln（N），采用以下公式：

$$V = P \times \frac{N\ln(N)}{R^2}$$

利用可比公司——同花顺对东方财富网进行估值，用户数 N 采用日活跃用户数来衡量，溢价率系数 P 采用每股市值与每股净资产相差的倍数进行估值，使两公司的 R 相等，即比例系数为 1。由于互联网公司的模式各不相同，变现因子、溢价率系数等指标对不同公司而言并不相同，但利用可比公司法，相同类型的公司指标的系数比能够反映公司间的差距，在估值上有一定借鉴意义。

2.5.2 阅文集团估值

按照上述的可比公司估值法 $V = P \times \frac{N\ln(N)}{R^2}$，以掌阅科技为可比公司对阅文集团进行估值。

2015 年 3 月，阅文集团由腾讯文学和盛大文学合并成立，腾讯间接控股 65.38%。阅文集团是正版数字阅读平台和文学 IP 培育平台，旗下产品包括起点中文网、创世中文网、云起出院、红袖添香、潇湘书院、QQ阅读等17个平台；在内容端，有作品储备960万部，如《步步惊心》《致青春》等，签约作者640万名，包括唐家三少、我吃西红柿等网络文学知名作家，覆盖品类200多种，占据国内IP改编市场优势份额，是文化创意产业主要IP源头之一，成功输出多部优秀改编作品，如《琅琊榜》《择天记》等；在内容分发上，除自营渠道QQ阅读、起点中文网外，与腾讯、百度、搜狗等第三方渠道建立了内容分发合作，渠道范围广，月活跃用户数已达1.918亿。

掌阅科技股份有限公司成立于2008年9月，2011年1月掌阅App正式发布，2012年成为中国版权协会常务理事单位；2015年8月iReader电子书阅读器第一代上市，2016年6月第二代上市；2016年6月掌阅用户数突破6亿；2017年9月在上海证券交易所上市（603533.SH）。掌阅科技的愿景是做全球最专业的阅读平台，使命是让阅读无处不在，价值观是正直、专注、务实、创新，其主打产品掌阅iReader是一款专注于手机阅读领域的经典阅读软件，有高质量的图书数字版权50万余册，支持EBK3/TXT/UMD/EPUB/CHM/PDF全主流阅读格式，在翻页、看书模式、看书背景灯设置上功能强大，在满足读者对图书内容高质量需求的基础上，提供了更智能化的体验。

两家公司都是数字阅读领域的龙头企业，核心竞争优势有所差异，阅文集团更偏重内容，而掌阅科技更偏重渠道。但着眼于未来的战略发展与规划，两家公司为了争夺数字阅读的核心用户，将在内容和渠道上互相渗透。阅文集团在依托内容储备的基础上加速开展全IP开发计划，对渠道端的渗透会逐步加强；掌阅科技利用自身产品的渠道优势进一步开拓市场，同时开展数字阅读平台升级项目，增加版权采购数量，丰富内容资源。因此，两家公司具有一定的可比性，将掌阅科技作为可比公司对阅文集团进行估值。

其中，变现因子K通过付费业务收入/付费用户数，即付费会员的ARPU（每用户平均收入，Average Revenue Per User）值来衡量，用户数采用月活跃用户数（MAU）进行衡量，数据为最新的公司公告及网站披露的信息。阅文集团的ARPU值为14.97元，月活跃用户数为

19 180 万；掌阅科技的 ARPU 值为 50.27 元，月活跃用户数为 9 710 万。具体的参数及对比系数见表 2-4。

表 2-4 **阅文集团和掌阅科技数据**

	阅文集团	掌阅科技	对比系数
变现因子 K（元）	14.97	50.27	0.298
用户数 N（万）	19 180	9 710	2.12
当前市值（十亿元）	74.85	21.61	

数据来源：公司公告及互联网资料。

阅文集团估值：21.61×0.298×2.12=13.65（十亿元）

这个估值说明阅文集团被严重高估，此市值下阅文集团的股价大约为 15 元/股，比发行价 55 元/股仍要低很多。在这种估值方法下，阅文集团的估值结果不太理想，经分析，主要原因有如下几点：

第一，可比公司掌阅科技的可比性不强。阅文集团更偏重于内容与版权运营，掌阅科技更偏重于渠道端。从用户端来看，掌阅科技更有优势，但从版权运营角度看，阅文集团的版权量大、可持续性强，版权变现这部分价值没有在估值中体现。

第二，两者的数据可比性不强。掌阅科技的渠道主要以自建的掌阅 iReader 及高质量的阅读体验为核心，付费率较高；相比而言，阅文集团的平台多达 17 个，在统计时单个用户在多平台被多次统计，ARPU 值偏低。

第三，公司市值与内在价值存在差距。可比公司掌阅科技的市值与公司内在价值存在一定的差距，掌阅科技市值的高估或低估使得阅文集团的估值也存在高估或低估的可能性，这一估值再与阅文集团的现有市值进行比较，从而判断阅文集团的股价是被低估或者高估的，这一判断受可比公司的市值影响较大。

第四，方法上存在不合理性。在 N 较大的情况下，$N_1\ln(N_1)/N_2\ln(N_2)$ 与 N_1/N_2 的比值很接近，当网络较大即用户数较多时，变现因子（为收入除以付费用户数）也相对较低；如果在保持付费用户数与活跃用户数的比值不变的情况下，两公司 K×N 的比值即为付费收入的比值，即公司价值的比值与付费收入的比值大致相等，但现实情况下付费用户数与活跃用户数的比值随着活跃用户数的增加而降低，那么大公司与小公司价值的比值比付费收入的比值更低，这与规模效应相矛盾。

上述基于梅特卡夫定律的估值模型从定性角度分析较为合理，但从定量角度而言，存在可比公司少、各指标数据难以获得或者数据可比性不强、方法的合理性有待证明等问题，还存在较大的发展与完善空间。如何对模型进行优化，不同模型间的比较与判断以及对各指标的合理估计都是未来研究的方向。

2.6 案例小结

梅特卡夫定律阐述了网络价值与网络用户数的平方成正比，作为网络经济的重要法则之一，其对互联网估值有很强的启发意义。尽管腾讯、Facebook 的盈利模式不尽相同，但都是以用户为基础，故对两家公司的股价与用户数的关系采用不同的模型进行分析与拟合；在估值上，梅特卡夫定律的回归结果较萨尔诺夫定律、里德定律、奥德林克定律更优，即 $V=aN^2$ 关系式能更好地反映公司价值与月活跃用户数的动态关系，梅特卡夫定律不仅用于网络价值的估计，也可以作为互联网公司估值的方法。

第3章　社交网络平台的后起之秀：陌陌估值增长之路

3.1　从 LBS 到泛社交泛娱乐平台：陌陌概况

3.1.1　公司简介

陌陌成立于 2011 年，是中国领先的移动互联网企业，也是中国移动社交市场的领先者，旗下包括移动社交 App 陌陌、短视频 App 哈你。2014 年 12 月 11 日，陌陌在美国纳斯达克交易所成功上市。陌陌是一款基于地理位置的开放式移动视频社交应用，用户可以通过文字、语音、视频、照片的方式展示自己，基于精准的地理位置认识附近的人并进行更好的交流，还可以加入附近的群组，建立真实、有效、健康的社交关系。

陌陌是由前网易总编辑唐岩创建的，联合创始人及核心团队来自网易、新浪、凤凰网等公司。截至 2017 年 12 月 31 日，陌陌的员工总计

1 244 人。总公司位于北京，并设有上海、成都、天津、广州等分公司。

作为中国第三大移动社交网站，陌陌有着与众不同的定位，相比新浪微博、微信、QQ，陌陌主要针对的是陌生人群，将年轻人定位为主要用户。陌陌希望人们通过移动互联网发现身边的美好与新奇，让人们连接原本该连接的人。陌陌的长期愿景是“在中国的泛社交和泛娱乐行业扮演一个非常重要的角色”。

在过去的几年间，陌陌始终专注于社交领域，坚持进行产品的开拓创新，从原先单纯的基于地理位置的服务（Location-Based Services，LBS）功能拓展成囊括多样化社交娱乐场景的平台，涵盖了群组聊天、直播、动态分享、短视频等功能，满足日新月异的用户需求。目前，陌陌凭着不懈的努力成为中国最大的泛娱乐泛社交平台之一。回顾过去，展望未来，陌陌将不忘初心，恪守社交理念，以丰富的产品和多元化品牌不断丰富社交场景，持续升级泛娱乐泛社交战略布局。

3.1.2 发展历程

一路走来，陌陌的点滴成长蕴含着创始人唐岩创业的艰难和人生的起伏，在唐岩的创业经历中有这样一句话——“陌陌初创于北京市三元桥霄云中心，网易班底”。简简单单的一句话，实际蕴含了唐岩至今最重要、最关键的两段人生经历，一段是他在网易从时政评论编辑晋升为总编辑的工作经历，另一段则是他 2011 年 3 月成立陌陌科技，自此展开跌宕起伏的创业征程。

唐岩曾经只是湖南娄底的一名“古惑仔”，拎着斧头在街上横冲直撞、打群架，可以用“匪首”“痞子”来形容。唐岩经常去网吧混迹文学聊天室及各大论坛，在聊天室里认识了前网易新闻副总监黄章晋，受到这位远方网友的举荐，毅然做出了北上“帝都”的决定。于是，24 岁那年，刚从成都理工大学建筑系毕业的唐岩内心怀揣着对北京无限的憧憬，牵着心爱的姑娘，带着身上的全部家当——一卷铺盖、2 000 块钱，成为众多“北漂族”中的一员。当时的他贫困潦倒，只能住在月租 330 元的北京三元桥地下室。

到北京后，唐岩进入网易工作，担任与自己所学专业相去甚远的时政评论编辑，凭着出众的才华和表现受到管理层的关注，在8年里他从评论频道主编、奥运频道主编、副总编晋升到网易总编辑，为网易打造“有态度的门户”发挥着无可取代的重要作用。网易的工作经历让唐岩领略到互联网行业的波诡云谲，同时历练出了创新的思维和知识体系，为陌陌的诞生打下了坚实的基础。

尽管在网易取得了不凡的成就，唐岩却始终躁动着一颗创业的心。一路走来，唐岩回想自己在北京漂泊的日子，他慢慢发现在纸醉金迷、车水马龙的大都市里承受着生活的迷茫和工作的压力，与合适的陌生人交流的机会显得尤为重要，这恰恰成为他找对创业的市场定位的重要秘诀。唐岩认为，创业需要选择自己喜欢的、可以利用空白市场的领域，与合适的陌生人交流在他看来是刚性需求。

于是，2011年唐岩决然离职，踏上了梦寐以求的创业之路，拉上了当时的网易门户产品组长雷小亮和网易高级技术李志威，组建陌陌创业团队。所谓“万事开头难”，成立之初，陌陌团队缺乏开发手机软件的经验，只能拿着《iOS30天速成》现学现卖，还是通过QQ小广告才招募到第一位真真正正的技术工程师。2011年8月3日，陌陌iOS版上线，有着较单一的功能，主推基于LBS的社交，也就是当用户打开定位后，陌陌的应用可以显示自己与附近的人的距离。通过陌陌这款应用，人们可以实现这样的需求：由于地理距离较近，两个陌生人有机会彼此在线上认识，从而在线下相约，成为相知的朋友。当天，有2 000多个用户下载了这款应用。当年12月陌陌上线Android版本。

2012年2月，陌陌被评为“APP中国移动应用热度榜”最受关注应用。2012年3月9日，陌陌注册用户数实现200万，并自此每月用户数以百万的级别增长。在激烈的市场竞争中，陌陌独辟蹊径，避开“熟人社交”微信等巨头的锋芒，在陌生人社交领域中迅速获得一席之地。然而，主打陌生人社交的陌陌在发展之初被打上不光彩的“神器”标签，随着用户数量的日渐庞大，由于不文明言语骚扰、赤裸裸的性暗示、男用户过多等现象的浮现，陌陌被一系列负面判断和评价所笼罩。用户对陌陌的判断和需求逐渐扭曲了其定位和走向。唐岩意识到，“神器”的名号虽然使陌陌一度甚嚣尘上，但不能带来持久的竞争优势，于是，陌陌团队通过品牌价值主张的更迭、产品的升级等摆脱固有标签。

2012 年 10 月，陌陌 2.0 版本推出基于位置和主题的群组功能，筛选过滤违规、异常等用户，为在不同群组的用户营造出良好的氛围。除此之外，陌陌还用数亿资金推广品牌，严肃处理那些被举报为骚扰的用户。2013 年，陌陌添加留言板及好友动态等功能、会员服务及表情商城，上线 Windows Phone 版本。

2014 年，配合产品功能的更新换代，陌陌推出全新口号“总有新奇在身边”，根据目标粉丝年轻张扬的特点，不断强化自己的主张，聚集身边有同样趣味的人，一起张扬个性，一起追求新奇，一起精彩地生活。过去满是负面评价的陌陌逐渐在升级和改进中站稳了脚跟，绑住用户，稳定流量，并开始了它的发展计划。2014 年，陌陌添加短视频、阅后即焚等功能，上线代理的联运游戏，12 月，陌陌月活跃用户数达 6 930 万。2014 年 12 月 11 日，陌陌（NASDAQ：MOMO）登陆美国纳斯达克交易所，成功上市。

2015 年 1 月，陌陌添加了礼物商城功能，2 月推出首款自研游戏《陌陌熊熊消》，5 月公布 2015 年第一季度财务报告，首次实现盈利，7 月信息流 RTB 广告投放系统上线，9 月陌陌现场、直播功能上线。2016 年 4 月，陌陌正式上线全民直播，并基于直播拓展了快聊、狼人杀等一些其他社交功能。2017 年，陌陌品牌 Logo 升级为彩色品牌标识，标志着陌陌正式从单纯的基于地理位置的社交平台升级为泛社交泛娱乐平台，12 月月活跃用户数达 9 910 万，再次突破了历史新高。目前，直播风头正劲，唐岩却未雨绸缪，强化“视频社交”属性，努力打造泛娱乐化社交平台。

3.2 疯狂增长的背后：陌陌特点分析

3.2.1 高速发展期

1. 营业收入高增长

自上市以来，陌陌的营业收入一路飙升，呈现出高速增长的态势。

从图 3-1 可以看出，2014 年陌陌的营业收入曾创下 13 倍的增长率，随后收入仍然保持翻倍增长，2015—2017 年营业收入增长率保持在合理的高水平。2016 年，陌陌的营业收入达到 5.53 亿美元，2017 年，陌陌营业收入更是上涨到 13.18 亿美元，增长率为 138%。

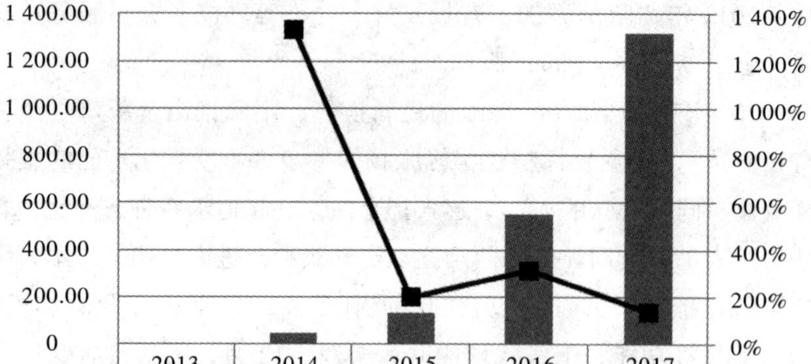

	2013	2014	2015	2016	2017
营业收入	3.13	44.76	133.99	553.10	1 318.2
增长率		1 330%	199%	313%	138%

图 3-1 陌陌历年营业收入状况（单位：百万美元）

2. 净利润高增长

尽管营业收入每年大幅增长，但陌陌在成立之初一度业绩低迷。从图 3-2 和图 3-3 的营业利润和净利润来看，陌陌在 2013、2014 年处于亏损状态，2015 年逐步扭亏为盈，此后，净利润逐年增加，盈利水平持续提升。从成长能力来看，2015—2017 年陌陌表现出瞩目的增长能力，2016 年甚至实现高达 9.6 倍的净利润增长率。

3.MAU 高速增长

由图 3-4 可知，陌陌月活跃用户数（MAU）稳步增长，2017 年底陌陌 MAU 更是突破性地达到了 9 910 万，创下历史新高。促进月活跃用户数近亿的关键在于陌陌从 2015 年开始的不断创新的直播业务。陌陌董事长唐岩认为："通过提升用户留存率和活跃度，陌陌月活跃用户实现持续净增长，这一持续增长证明我们的产品持续优化推新的战略和不断丰富内容的策略是有效的，同时新获客系统的上线也取得了成效。"

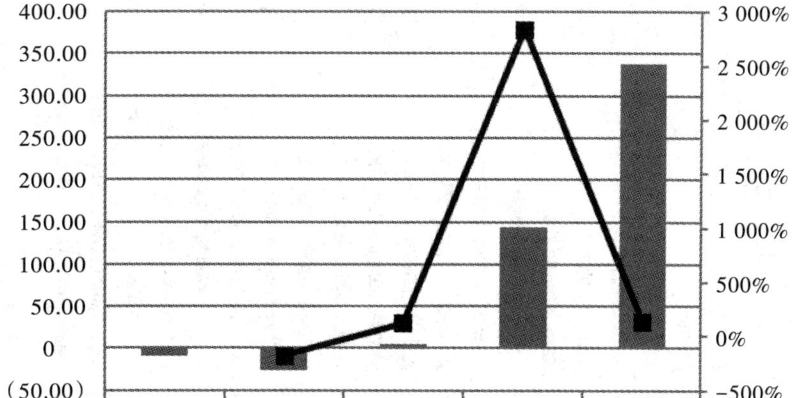

	2013	2014	2015	2016	2017
营业收入	(9.36)	(26.16)	4.90	144.08	337.49
增长率		-180%	119%	2 840%	134%

图 3-2 陌陌历年营业利润状况（单位：百万美元）

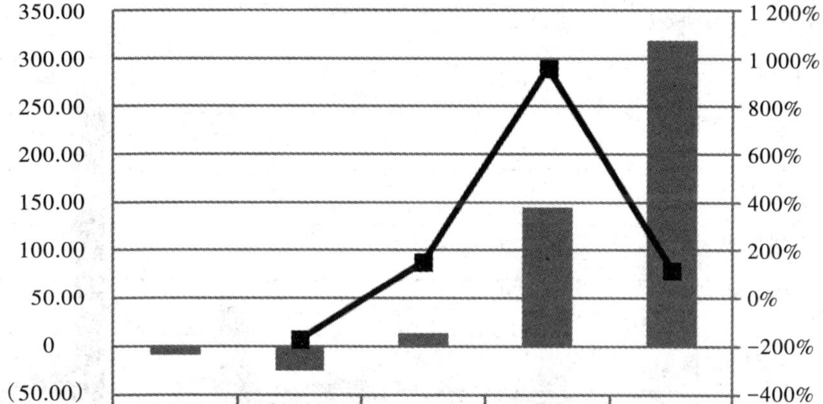

	2013	2014	2015	2016	2017
净利润	(9.33)	(25.42)	13.70	145.25	318.57
增长率		-173%	154%	960%	119%

图 3-3 陌陌历年净利润状况（单位：百万美元）

3.2.2 业务特点与构成

1. 业务增长与收入结构变化

从最初的陌生人社交到寻找特立独行的 80 后市场，再到如今的视频社交、更专注 90 后的表达，陌陌对用户的精准定位正悄然改变，也

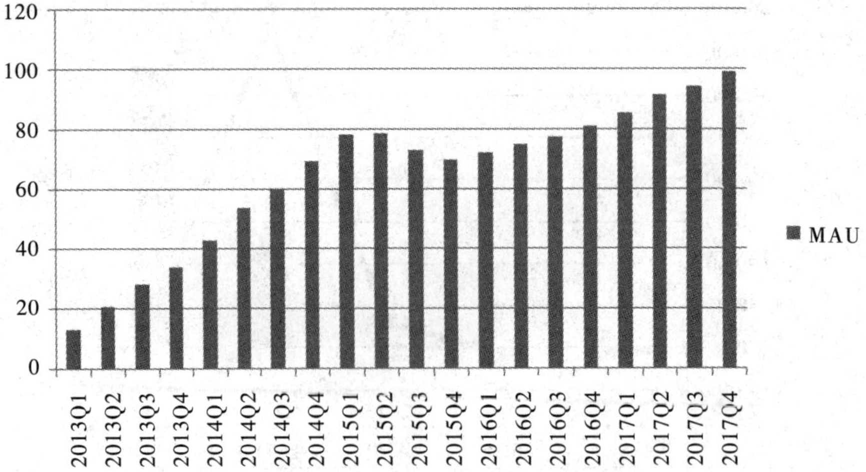

图 3-4　陌陌 MAU 变化趋势（单位：百万）

在不断地探索新的商业模式。从图 3-5 中可以看出，近年陌陌的直播服务、增值服务、移动营销业务均显著增长。

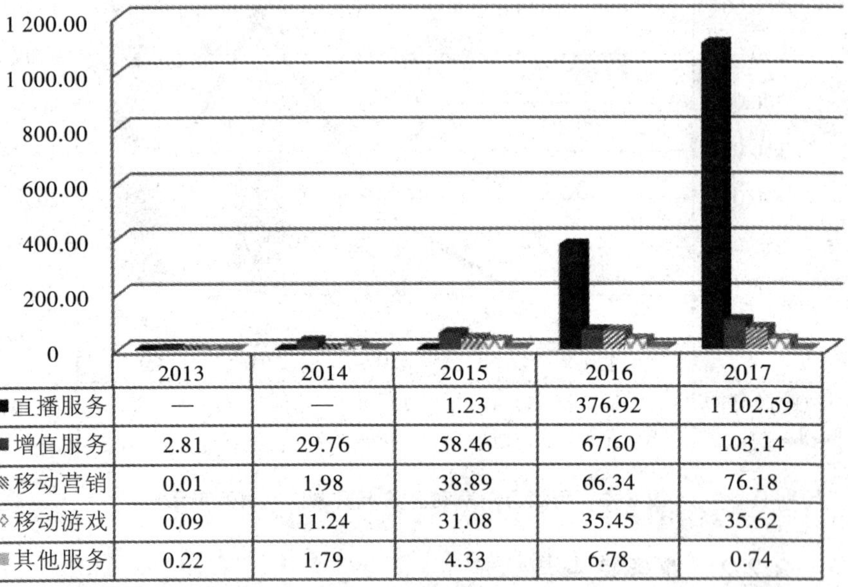

	2013	2014	2015	2016	2017
■直播服务	—	—	1.23	376.92	1 102.59
■增值服务	2.81	29.76	58.46	67.60	103.14
▨移动营销	0.01	1.98	38.89	66.34	76.18
◇移动游戏	0.09	11.24	31.08	35.45	35.62
■其他服务	0.22	1.79	4.33	6.78	0.74

图 3-5　陌陌各项收入历年情况（单位：百万美元）

陌陌是以主打 LBS 陌生人社交起步的，刚成立时盈利模式只是靠羽翼未丰的移动营销、会员和移动游戏三大营业收入来源，现在逐步演变成依靠直播、移动推广、会员和游戏四大收入支柱支撑。

从图 3-6 可以发现，陌陌的直播服务自 2015 年上线后，比重大幅上升，2017 年已达到 83.64%，迅速成为收入增长的第一大来源。如今，陌陌正打造多种社交互动方式，推动泛社交泛娱乐平台建设，将直播和社交深度融合，从中获得协同效应——社交成为泛娱乐的基础，再通过向平台引入娱乐内容，进一步扩大用户群体，促进社交关系的建立和维系。直播服务正成为陌陌新的营业收入和利润增长引擎。

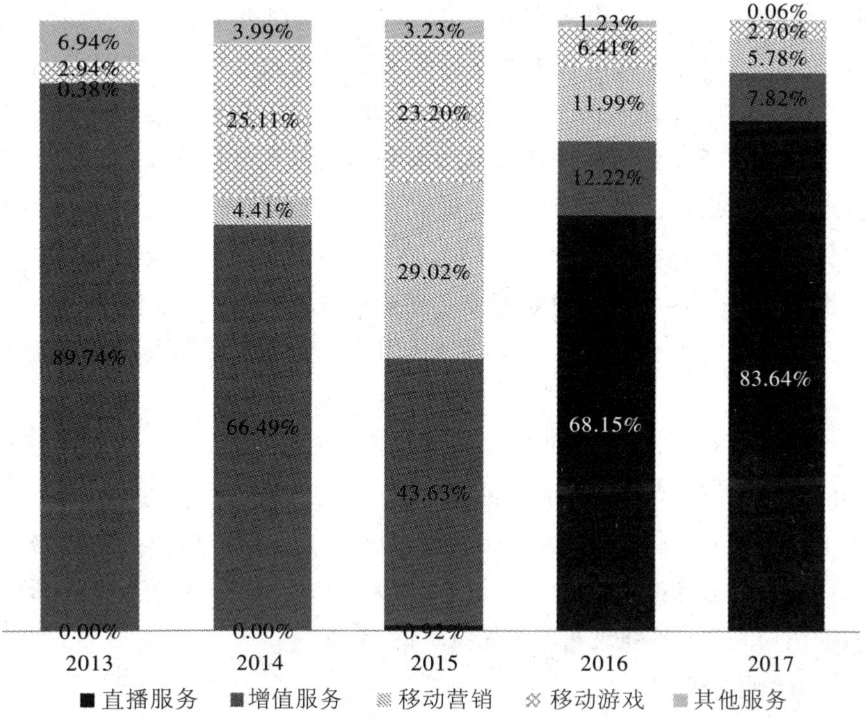

图 3-6 陌陌收入结构变化

2. 直播

直播是陌陌视频社交战略的重要一环，当前陌陌平台的直播模块包含陌陌现场、手机直播和直播秀。陌陌现场是陌陌于 2015 年 9 月最早推出的一项直播服务，主打移动音乐互动直播，签约职业歌手；2016 年 4 月正式开放全民直播——手机直播和直播秀，在直播中还提供了为自己喜欢的主播送礼物的服务，提升了直播的互动性和娱乐性，还有精彩回放和排行榜等个性化创新服务。

陌陌直播服务的盈利方式是用户打赏机制与分成模式。当用户享用直播服务与主播互动时，可以选择购买直播间的虚拟礼物赠送给主播，主播收到的礼物会在直播平台进行结算，陌陌直播平台与主播分成之后所获得的盈利便是直播收入。

在直播方面，陌陌仍然是后起之秀。当下直播如火如荼，而陌陌直播的起步实际上是晚于同行的，却势不可挡地跃居榜首，这离不开陌陌早期在社交领域积累的大量用户基础。2014 年底，陌陌付费会员有 290 万，用户付费模式主要是购买会员，较为单一。随着人口红利期结束，2015 年陌陌付费会员数几乎零增长，依然大约为 290 万。自 2015 年底直播上线后，陌陌社交层面积累的付费会员迅速转化为直播板块的付费用户，夯实的用户基础促进了直播业务的迅速崛起。2016 年底，陌陌的直播业务付费用户上涨至 350 万，同时直播业务 ARPU 值提高至 55.7 美元。直播业务发展逐渐成熟，调动了非会员用户的消费需求，吸引大量消费能力较高的新用户，反过来又促进社交板块的进一步发展。

陌陌基于社交板块的积累，与直播服务相互促进，在保证用户黏性的同时推出一系列措施以提高付费比例、开创付费场景，进而保持较高的毛利率，净利润有了较大的提升。发展至今，陌陌享有自身 9 910 万月活跃用户的优势，社交与视频产生巨大的协同效应，较好地维持其固有的用户关系，增强对新用户的吸引力。

3. 增值服务

陌陌的增值服务包括会员订阅服务及虚拟礼物服务，其营业收入的平稳增长来自付费用户数的增长、付费用户平均收入的增长。具体来说，陌陌的会员订阅服务是在提供基础功能的基础上，推出收费会员，为会员提供聊天信息同步、访客记录、群组上线提升和会员标识等更多个性化的服务。据统计，截至 2017 年底陌陌增值服务的付费人数有 500 万。

4. 移动营销

移动营销是网络社交类平台企业营业收入的典型来源。陌陌移动营销的收入主要来源于广告主投放。具体而言，陌陌广告服务建立在其庞大用户群体的基础上，包含了平台上的广告服务和入口服务。陌陌从2011年起发展至今，已经实现了超过2亿的注册用户和9 910万月活跃用户数，面对如此巨大的用户数，对于其他商家和企业来说就意味着巨大的曝光频率。比如，陌陌在2014年8月推出了“到店通”，为本地线下商家提供线上展示的广告平台，商家按照定位进行精准投放，并且和用户进行实时互动。再比如，2014年11月，陌陌牵手58同城，为用户独家提供涵盖招聘、房产、二手车、家政等多方面的本地生活服务信息。

5. 移动游戏与其他服务

在商业化进程中，陌陌逐步进军社交游戏，从最初在2013年11月正式上线代理的首款联运游戏，到了次年4月联运游戏已达到4款，2015年2月推出首款自研游戏《陌陌熊熊消》。迄今为止，依托于陌陌平台，陌陌旗下的移动游戏已有战争策略、经营养成、棋牌、卡牌、休闲等品类，侧重于自研轻休闲竞技品类产品。2016—2017年，陌陌移动游戏营业收入的增长主要得益于自研游戏如《心动庄园》等产品的贡献。

3.3 剩余收益模型估值

剩余收益模型由爱德华兹（Edwards）和贝尔（Bell）于1961年提出，他们认为公司的内在价值是账面价值与未来经营活动产生的剩余收益现值之和，这构建了企业内在价值与会计变量之间的关系。剩余收益模型自提出以来便受到财务、金融学界的广泛认可，是现代财务估值理论的重要组成部分。其标准形式是：

$$V_0 = B_0 + \frac{RE_1}{1 + r_E} + \frac{RE_2}{(1 + r_E)^2} + \cdots + \frac{RE_t}{(1 + r_E)^t} + \frac{V_t^E - B_t}{(1 + r_E)^t}$$

其中：公司的内在价值V等于账面价值B_0与剩余收益RE的现值之和。RE_j为j期的剩余收益（j=1，2，3，…，t）；r_E为贴现因子；V_t^E为预期第t期的内在价值；B_t为第t期的账面价值。

模型的重点在于剩余收益的计算。剩余收益是指公司的净利润与股东所要求回报的差额，用公司经营活动实际产生的净盈余扣除资本成本后的剩余部分来表示：

$$RE = Earnings_t - r_E \times B_{t-1} = (ROCE_t - r_E) \times B_{t-1}$$

其中：RE 是剩余收益；$Earnings_t$ 是第 t 期公司获得的净利润；r_E 是股东要求的回报率；B_{t-1} 是期初账面价值；$ROCE_t$ 是给股东的实际回报率。

总体来说，企业价值扣除净资产账面价值的部分由企业获取剩余收益的能力决定，而这正是企业创造价值的能力。当企业赚取的净利润超过股东要求的回报时，企业才能创造出正的剩余收益。

本节我们应用剩余收益模型对陌陌进行估值。

第一步，运用 CAPM 计算权益资本成本 r_E。计算公式如下：

$$r_E = r_f + \beta \times (r_M - r_f)$$

其中：r_f 为无风险利率；r_M 为市场收益率。β 衡量了该公司承担的系统风险与整个市场的系统风险的比值。如果 β 大于 1，说明该公司承担的系统风险比整个市场的系统风险高；如果 β 小于 1，说明该公司承担的系统风险比整个市场的系统风险低。

在资本成本的计算中，无风险利率 r_f 取美国 10 年期国债平均利率 2.32%，市场收益率 r_M 取 10 年标准普尔 500 指数平均收益率 8.04%。陌陌作为成长型企业，β 系数取 1.24（雅虎财经网站公布的陌陌的 β 值为 1.24，Wind 数据库计算的 β 值为 1.22，两者相接近），计算得到权益资本成本为 9.41%。

第二步，获取每股盈余（Earnings Per Share，EPS）的预测数据。表 3-1 中 2015—2017 年的数据是从年报中获取并计算的。2018—2020 年，陌陌每股盈余（EPS）的预测数据来源于 Nasdaq 网站，取证券机构对陌陌未来 3 年 EPS 的一致预测值，见表 3-1 第三行最后 3 列数据。目前陌陌暂未分红，DPS 为 0。

第三步，根据 EPS 预测值，我们计算预测期内的 BPS。计算公式如下：

$$BPS_t = BPS_{t-1} + EPS_t - DPS_t$$

每期计算结果见表 3-1 第五行。

表 3-1　　**剩余收益模型**　　金额单位：美元

时期	实际期	实际期	实际期	预测期 t_1	预测期 t_2	预测期 t_3
年度	2015	2016	2017	2018	2019	2020
EPS	0.04	0.38	0.81	1.94	2.44	3.1
DPS	0	0	0	0	0	0
BPS	1.22	1.63	2.6	4.54	6.98	10.08
ROCE	3.42%	31.15%	49.69%	74.62%	53.74%	44.41%
RE				1.70	2.01	2.44
折现因子				1.0941	1.1971	1.3097
RE现值				1.55	1.68	1.86
RE总现值			5.09			
持续价值						29.30
CV现值			22.37			
每股价值			30.06			

第四步，计算普通股股东权益收益率（Return on Common Equity，ROCE）。计算公式如下：

$$ROCE_t = \frac{EPS_t}{BPS_{t-1}}$$

每期计算结果见表 3-1 第六行。

第五步，计算 2018—2020 年的剩余收益（Residual Earnings，RE）。计算公式如下：

$$RE_t = (ROCE_t - r_E) \times BPS_{t-1}$$

每期计算结果见表 3-1 第七行。

第六步，将未来的剩余收益用折现因子折现，计算出 2018—2020 年 RE 现值，并加总得到 2018—2020 年 RE 总现值。计算公式为：

$$RE现值_t = \frac{RE_t}{折现因子}$$

$$RE总现值 = RE现值_{2018} + RE现值_{2019} + RE现值_{2020}$$

计算结果为 5.09。

第七步，计算 2021 年及之后持续期剩余收益在 2020 年的价值。陌陌自上市以来即进入高速发展期，目前在开拓新客户和增加付费用户方面面临着挑战，而未来直播、广告业务仍然存在较大的增长空间，总体来看有一定的发展前景，有可能为股东赚取更多利润，创造更大价值。假设从 2020 年起，陌陌的剩余收益保持 1% 的速度持续稳定增长（g=1%），持续价值的计算公式为：

$$持续价值 = RE_{2020} \times \frac{1+g}{r_E - g}$$

计算结果为 29.30。

第八步，将 2020 年得到的持续价值折现到 2017 年，结果为 22.37。

第九步，将 2017 年的 BPS、2018—2020 年的剩余收益现值、2021 年及以后的持续剩余收益的现值加总得到陌陌在 2017 年的估值为 30.06 美元/股。

资本成本和剩余收益未来增长率是影响估值结果的重要因素，对此做进一步的敏感性分析，见表 3-2。表 3-2 中第一行代表不同的永续增长率，第一列代表资本成本的变化。2017 年 12 月 29 日陌陌的股价是 24.48 美元/股，结合表 3-2 可知，利用剩余收益法，得到陌陌的估值基本是高于股价的，市场存在低估。

表 3-2 **敏感性分析**

	g=0	g=1%	g=2%	g=3%	g=4%	g=5%
r+1.5%	23.1	24.86	27.01	29.71	33.19	37.84
r+1%	24.43	26.42	28.88	32	36.1	41.71
r+0.5%	25.89	28.15	30.98	34.63	39.51	46.38
r	27.52	30.06	33.37	37.67	43.56	52.11
r−0.5%	29.33	32.3	36.12	41.23	48.43	59.32
r−1%	31.36	34.79	39.3	45.46	54.42	68.64
r−1.5%	33.66	37.66	43.02	50.56	61.95	81.18

3.4 网络价值评估：梅特卡夫定律估值法

传统估值方法在互联网企业的估值中往往存在较多的缺陷，比如互联网企业的未来现金流难以预测、净利润常为负等问题，而梅特卡夫定律结合用户对网络价值进行评估，在互联网企业估值中发挥着重要的作用。用户对于互联网企业的价值远超其他传统行业，对用户资源的充分利用和深入发掘是企业未来盈利水平的重要保障和关键资源。

根据梅特卡夫定律，网络价值与网络规模的平方成正比关系。具体而言，网络价值与网络节点数的平方或用户数的平方成正比，如以下公式所示：

网络的价值 $V=a\times N^2$

其中：a 为价值系数；N 为用户数量。

基于梅特卡夫定律，我们检验陌陌的企业价值与用户数量之间的关系（见表 3-3）。考虑到陌陌 2014 年底上市，采用 2014—2017 年的相关数据，为了保证有足够的数据量，时期以每季度作为划分。企业价值通过陌陌每季度的股价均值表示，以美元计价，用户数采用的是陌陌每个时期财务报告公布的月活跃用户数（MAU），其 MAU 不包括独立 APP 哈你直播的用户数。

将陌陌 2014—2017 年三季度的每期股价均值与月活跃用户数的二次方做回归分析，得到如下拟合回归方程：

$V=-25.7093+72.42479MAU^2$

检验结果显示，股价与月活跃用户数的二次方存在显著的正相关关系，另外，R^2 值为 0.883824918，解释力度较大。随后，把 2017 年第四季度陌陌的用户数代入回归方程，得到估算股价为 45.42 美元/股，高于 2017 年 12 月 29 日实际股价，通过梅特卡夫定律的网络价值评估也说明市场对陌陌存在低估。同时，参照上文剩余收益法的敏感性分析，在此估算的 45.42 美元/股大致对应资本成本为 9.41%、永续增长率为 4% 的情况。

表 3-3 梅特卡夫定律估值法相关数据

时间	股价均值（美元/股）	MAU（亿）	MAU^2（亿平方）
2014Q4	12.99	0.693	0.48025
2015Q1	10.97	0.781	0.60996
2015Q2	13.95	0.784	0.61466
2015Q3	13.97	0.73	0.5329
2015Q4	13.86	0.698	0.4872
2016Q1	11.96	0.723	0.52273
2016Q2	13.5	0.748	0.5595
2016Q3	17.73	0.774	0.59908
2016Q4	22.07	0.811	0.65772
2017Q1	26.68	0.852	0.7259
2017Q2	38.33	0.913	0.83357
2017Q3	39.72	0.944	0.89114
2017Q4	28.82	0.991	0.98208

3.5 市值比较：对比欢聚时代、腾讯及新浪

作为后起之秀，陌陌在 QQ、微信等社交软件巨头的挤压下得以生存，在夹缝中求发展，无论是用户量、收入利润还是企业价值，陌陌一路以破竹之势高速增长，成为继腾讯、新浪微博之后的中国第三大移动社交平台。同时，随着移动互联网的普及进步，视频直播在中国呈现爆发式增长，陌陌顺势而上，打造视频社交，在直播市场拔得头筹，成为中国直播行业巨头之一，目前另一家直播巨头则是欢聚时代。由此，我们选取新浪、腾讯及欢聚时代作为对比公司，将其与陌陌进行市值比较。

由表 3-4 可知，目前，陌陌的总市值高达 78.6 亿美元。对比同行

业，欢聚时代市值为67亿美元，而新浪市值则是64.4亿美元，从这点上说陌陌市值稍高，赶超了欢聚时代和新浪。而中国互联网巨头腾讯在总市值方面遥遥领先于其他三家企业，甚至达到陌陌总市值的60倍以上，说明陌陌的企业价值与腾讯仍有较大差距。

表3-4　**四家互联网企业市值对比**

上市地点	代码	证券简称	总市值（百万美元）
美国	MOMO.O	陌陌	7 860.93
美国	YY.O	欢聚时代	6 702.69
美国	SINA.O	新浪	6 442.59
香港	00700.HK	腾讯控股	492 754.12

下面我们通过市盈率、市净率和市销率等指标进一步比较投资价值，表3-5列示的是每家企业2017年的各项指标。

表3-5　**各企业市盈率、市净率和市销率对比**

	陌陌	欢聚时代	新浪	腾讯控股
市盈率（P/E）	15.95	17.57	54.27	53.51
市净率（P/B）	5.34	4.6	2.55	14.06
市销率（P/S）	4.13	4.53	5.11	15.22

市盈率是股票价格与每股收益之比，该指标基于收益的预期增长，将净利润与市场价值相联系，反映市场投资者对公司未来盈利能力的预期。从市盈率来看，陌陌和欢聚时代较低，分别为15.95倍和17.57倍，而新浪和腾讯控股的市盈率高达50倍以上，说明陌陌和欢聚时代处于相对较低的水平，同时市场对新浪和腾讯的前景看好，并愿意给予这两家行业内优势公司较高的溢价。

市净率则是市场价值与企业净资产账面价值之比。一般来说，市净率较低，投资价值会较高，但一些高成长性、创新类的企业往往其市净率较高。陌陌的市净率高于欢聚时代和新浪，但低于腾讯控股，结合陌陌所处的高增长阶段，尽管市净率稍高，还是具有一定的投资价值的。

结合市销率，把销售收入指标与企业价值相联系，可以发现陌陌的市销率水平在同行业中最低。结合上文讨论的估值结论，截至 2017 年底，市场对陌陌是存在低估的，相比于同行业其估值水平较低。

3.6 直播双雄，谁与争锋——陌陌与欢聚时代直播业务对比

3.6.1 欢聚时代简介

于 2005 年 4 月成立的欢聚时代（YY）是我国第一家富集通讯业务运营商，是当前国内领先的互联网语音视频平台提供商之一。欢聚时代恪守其使命，致力于打造“最酷”的网络直播公司。2012 年 11 月 21 日，欢聚时代公司在美国纳斯达克成功上市。

欢聚时代总部位于广州，在珠海、北京、上海等地设立分公司，近年得益于广州优越的人才资源和政策的大力扶持，迅速发展成行业的龙头企业。欢聚时代的核心业务主要有 YY 语音、YY LIVE、欢聚游戏、虎牙直播、YY 教育等。

自成立以来，欢聚时代恪守“改变人们的沟通方式”的使命，充分利用信息技术来创造和丰富人们的沟通方式。在 YY 语音、YY LIVE、欢聚游戏、YY 教育、虎牙直播等平台，沟通方式不再局限于文本，而是拓展到语音、视频等多样化手段，欢聚时代作为富集通讯的领头羊一直引领着时代的潮流。目前，欢聚时代拥有 13 亿注册用户数，MAU 高达 1.4 亿。

3.6.2 直播平台对比

随着陌陌近年商业模式的转变，直播收入已然占据了其收入的绝大部分。并称“中国直播双雄”的陌陌和 YY，在商业模式和直播业务上存在什么差别呢？考虑到 2016 年直播收入才正式成为陌陌的主要收入来源，下文针对 2016—2017 年陌陌和 YY 的财务数据和关键指标进行对比。YY 的有关数据包含了子公司虎牙的数据。

YY 的商业模式体现为“直播+游戏+会员+其他”，其直播收入占了营业总收入的绝大部分，2017 年直播收入占比高达 92.03%，YY 的直播收入主要来自 YY 直播平台和虎牙直播平台。除了直播服务收入，会员收入（指会员的订阅服务）和在线游戏也是 YY 营业总收入的重要组成部分。从对陌陌商业模式的分析可以看出，目前陌陌和 YY 的收入支柱均为直播服务收入。由表 3-6 和表 3-7 不难发现，2016 年 YY 营业总收入约为陌陌的两倍，其中 YY 直播收入 1 013.01 百万美元远高于陌陌的 376.93 百万美元，但 2017 年陌陌奋起直追，直播收入和营业总收入成倍增长，差距大大缩小。

表 3-6 **陌陌 2016—2017 年收入构成** 金额单位：百万美元

	2016年		2017年	
	收入	比例	收入	比例
直播服务	376.93	68.15%	1 102.59	83.64%
增值服务	67.6	12.22%	103.14	7.82%
移动营销	66.34	11.99%	76.18	5.78%
移动游戏	35.45	6.41%	35.62	2.7%
其他服务	6.78	1.23%	0.74	0.06%
营业总收入	553.1	100%	1 318.27	100%

表 3-7 **YY 2016—2017 年收入构成** 金额单位：百万美元

	2016年		2017年	
	收入	比例	收入	比例
直播	1 013.01	85.66%	1 640.1	92.03%
在线游戏	91.44	7.73%	83.59	4.69%
会员	41.06	3.47%	30.37	1.7%
其他	37.14	3.14%	28.04	1.57%
营业总收入	1 182.65	100%	1 782.1	100%

从表 3-8 中的盈利状况可以看出，陌陌 2016 年和 2017 年的毛利率在 50% 以上，而 YY 的毛利率不到 40%，同时陌陌的营业收入增速明显快于 YY。陌陌净利率也高于 YY，说明陌陌的盈利能力在一定程

度上比 YY 要好。

表 3-8　　陌陌与 YY 盈利状况　　单位：百万美元

	2016年		2017年	
	陌陌	YY	陌陌	YY
营业收入	553.10	1 182.65	1 318.27	1 782.1
营业成本	241.46	735.68	649.28	1 079.94
毛利率	56.34%	37.79%	50.75%	39.40%
净利润	145.25	219.9	318.02	383.21
净利率	26.26%	18.59%	24.12%	21.5%

从表 3-9 中的成本构成来看，陌陌营业成本占比稍低，同时销售费用占营业总成本的比重比 YY 高。直播平台的营业成本包括收入分成、支付手续费、带宽成本、人工折旧等各个项目。其中，收入分成包括支付给网络主播、代理商等的费用。支付手续费是指用户在直播、会员、游戏等服务中通过第三方支付平台或其他支付渠道进行付款，这些第三方支付平台会向使用平台收取手续费。带宽成本与网络速度和用户体验联系紧密，用户访问越多，对带宽的要求越高，需要越大的带宽成本来支撑。通过细分营业成本（见表 3-10），我们发现陌陌和 YY 的收入分成占比均为最大，占营业成本的 70% 以上。除此之外，带宽成本也是直播平台营业成本的重要构成部分，对比两家企业，陌陌的带宽成本比重较低。当进一步计算各项营业成本占营业收入比重时（见表 3-11），2016 年、2017 年陌陌的收入分成费用占营业收入比例分别为 31% 和 40%，低于 YY 的 41% 和 49%。

接下来再对陌陌和 YY 其他关键指标如 ARPU 值进行对比。ARPU 值是每用户平均收入，具体的计算方法是收入除以用户数量。为了更好地利用该指标衡量直播业务的盈利和发展状况，在此收入取直播收入，考虑到不同企业对活跃用户数的定义和计算方式不同，用户数量取直播业务的付费用户数。

如上文所讨论的，陌陌的 MAU 和直播收入正处于高速增长阶段，而付费用户数则呈现别样的发展路径。初期，陌陌直播付费用户数的增

表 3-9　**陌陌与 YY 营业总成本构成**　单位：百万美元

	陌陌				YY			
	2016年		2017年		2016年		2017年	
	成本	比例	成本	比例	成本	比例	成本	比例
营业成本	241.46	59%	649.28	66%	735.68	77%	1 079.94	78%
研发费用	31.4	8%	51.49	5%	97.34	10%	120.17	9%
销售费用	97.17	24%	217.44	22%	55.83	6%	106.25	8%
管理费用	38.98	10%	62.58	6%	69.55	7%	83.71	6%
营业总成本	409.02	100%	980.78	100%	960.94	100%	1 390.46	100%

表 3-10　**陌陌与 YY 营业成本构成**　单位：百万美元

	陌陌				YY			
	2016年		2017年		2016年		2017年	
	成本	比例	成本	比例	成本	比例	成本	比例
收入分成	173.93	72%	523.3	81%	546.44	74%	879.74	82%
支付手续费	21.6	9%	45.73	7%	9.73	1%	11.21	1%
带宽成本	17.3	7%	35	5%	93.94	13%	106.89	10%
人工成本	10.54	4%	16.25	3%	33.52	5%	36.42	3%
折旧	5.93	2%	8.85	1%	24.95	3%	19.76	2%
其他	12.16	5%	20.15	3%	27.12	4%	25.32	2%
营业成本	241.46	100%	649.28	100%	735.70	100%	1 079.34	100%

表 3-11　**各项营业成本占营业收入比重**

	陌陌		YY	
	2016年	2017年	2016年	2017年
收入分成	31%	40%	41%	49%
支付手续费	4%	3%	1%	1%
带宽成本	3%	3%	7%	6%
人工成本	2%	1%	3%	2%
折旧	1%	1%	2%	1%
其他	2%	2%	2%	1%
营业成本	44%	49%	56%	61%

长得益于其整体用户基数，早期社交版块积累的用户促使直播付费用户数量节节攀高。由表 3-12 可见，陌陌付费用户数从 2016 年第二季度的 130 万上升到 2017 年第一季度的 410 万。然而，2017 年，陌陌的直播付费用户数却停滞不前，徘徊在 410 万的水平，能否继续挖掘付费用户、提高用户付费比例是陌陌面临的一大挑战。尽管付费用户数一度停滞，但直播收入总量却不断增长，陌陌 2016—2017 年直播业务 ARPU 值整体大幅上升。不到两年时间，陌陌的 ARPU 值便从 44.5 美元不断突破，于 2017 年第四季度创下 76.3 美元的历史新高。这说明陌陌直播业务的变现能力较强，采取的一系列产品升级、开拓更多付费场景等措施取得成效，使得直播业务的单个客户价值得以提升。

表 3-12　　陌陌 2016—2017 年各季度关键指标

时期	2016Q2	2016Q3	2016Q4	2017Q1	2017Q2	2017Q3	2017Q4
MAU（百万）	74.8	77.4	81.1	85.2	91.3	94.4	99.1
直播收入（百万美元）	57.9	108.6	194.8	212.6	259.4	302.6	328
付费用户数（百万）	1.3	2.6	3.5	4.1	4.1	4.1	4.3
ARPU（美元）	44.5	41.8	55.7	51.9	63.3	73.8	76.3

YY 的 MAU 和直播收入近年同样是增长较快的，付费用户数也在稳步上升。表 3-13 展示了 YY 2016—2017 年的各项关键指标。YY 的 MAU 划分为 PC 端和移动端，我们这里使用的是移动端 MAU。2017 年末，YY 移动端 MAU 高达 7 650 万，低于陌陌。YY 付费用户数的起点高于陌陌，并且始终在增加，显然与陌陌付费用户数的变化不同。2017 年底，YY 付费用户数已经达到 650 万，比陌陌具有一定的优势。从 ARPU 值来看，YY 表现出波动上升的趋势，比起陌陌，2016 年第二季度 YY 的 ARPU 值就有 59.5 美元之高，随后下降又回升。从表 3-12 中可以发现，陌陌直播业务 ARPU 值起点较低，总体增幅却高于 YY，2017 年前三季度甚至超越 YY，到 2017 年末与 YY 的 79.6 美元也十分相近。图 3-7 是陌陌与 YY2016—2017 年 ARPU 值对比。

实际上，陌陌与以 YY 为代表的游戏类、秀场类直播平台存在根本性的差异。首先，获取流量的方式不同。像 YY 这样的游戏直播平台和

表 3-13　　YY2016—2017 年各季度关键指标

时期	2016Q2	2016Q3	2016Q4	2017Q1	2017Q2	2017Q3	2017Q4
MAU（百万）	141.9*	53.4	56	62.6	66.1	73	76.5
直播收入（百万美元）	249.8	268.5	319.5	298.9	350.1	431.6	517.7
付费用户数（百万）	4.2	4.6	5.2	5.9	5.7	6.3	6.5
ARPU（美元）	59.5	58.4	61.4	50.8	61.4	68.5	79.6

注：* 为 PC 端与移动端合并的 MAU，原因是该时期的财务报告仅披露该数据。

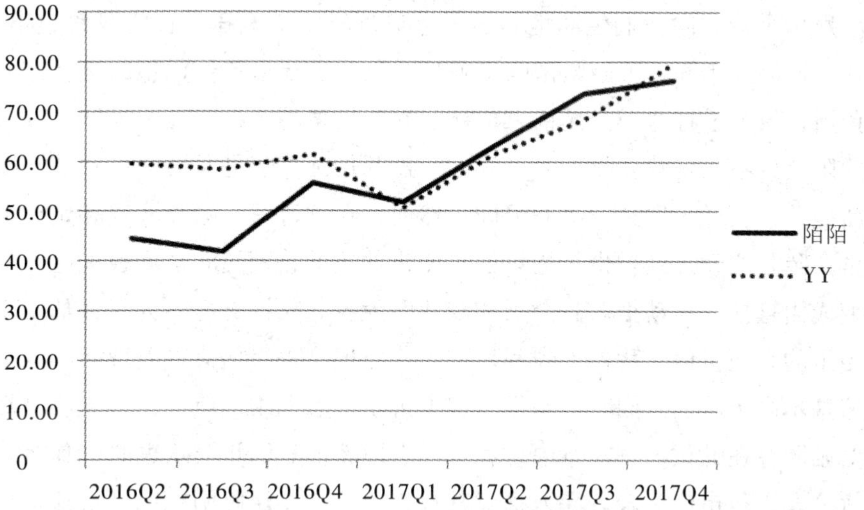

图 3-7　陌陌与 YY2016—2017 年 ARPU 值对比（单位：美元）

其他秀场类直播平台，它们获取流量的方式是通过内容来吸引用户，需要靠主播尤其是头部主播直播的内容增加用户流量和黏度。区别于这些平台，陌陌主打陌生人社交，积累了庞大的用户群体，是先有了用户流量再通过之后推出的直播业务变现。其次，获取用户的成本存在差异。由于 YY 等直播平台需要依靠主播直播的内容吸引用户，主播的收入分成占据了营业总成本的很大一部分。而陌陌的社交属性使其规避了对主播的依赖性，收入分成占比相对较低，获取用户的成本较低，毛利率更高，盈利能力更强。此外，直播平台的收入一般主要来自消费能力很高的少数用户群体，游戏类、秀场类直播平台往往会把握住这些少数用户，想方设法提高他们的消费金额。但陌陌并不针对这些少数用户，而是注重挖掘直播长尾效应，加强直播服务的运营，提高大量处于中部、尾部的用户体验，从更广的长尾用户群体中获取盈利。未来，为了加快打造泛社交泛娱乐平台，陌陌仍需要在增加用户流量、保持用户黏性、提高 ARPU 值等方面继续加强。

3.7 案例小结

作为社交网络平台后起之秀的陌陌，从单纯的 LBS 功能到泛社交泛娱乐平台，向我们生动地展示了它披荆斩棘、疯狂增长的成长故事。在短短的几年间，陌陌紧密围绕独特的陌生人社交定位，不断进行产品创新，致力于打造一个囊括丰富社交娱乐场景的平台。处于高速发展期的陌陌，不论是营业收入、净利润等盈利指标，还是月活跃用户数均不断提升，实现一次又一次的突破。然而，在这背后，随着战略和定位调整，陌陌的收入结构也在悄然发生变化。目前，陌陌的盈利模式已经演变成由直播、移动推广、会员和游戏四大收入支柱支撑。为了评估陌陌当下的企业价值，我们首先利用剩余收益模型进行估值，发现陌陌的估值基本高于股价。同时，基于梅特卡夫定律的网络价值评估也说明市场对陌陌存在低估。在本章中，我们还选取新浪、腾讯及欢聚时代作为对比公司进行市值比较，深入探讨其投资价值，发现陌陌相比同行业估值水平较低。考虑到直播占据了陌陌近年收入的绝大部分，我们探讨陌陌和 YY 在商业模式和直播业务上存在的差别。我们从中发现，陌陌与以 YY 为代表的游戏类、秀场类直播平台存在根本性的差异，未来还需在增加用户流量、保持用户黏性、提高 ARPU 值等方面继续加强，以加快泛娱乐泛社交平台的建设。

第4章　百度估值：大数据模型还是剩余收益模型

4.1　互联网巨头的“生态系统”

随着互联网的发展，许多互联网企业都不再是拥有单一业务的企业，通过自建、投资或收购拥有了多个业务模块。百度现有搜索、交易、视频三大业务：第一类搜索服务主要是百度搜索引擎；第二类交易服务包括百度糯米、百度地图、百度外卖、百度手游；第三类网络视频主要是其收购的爱奇艺。

4.2　百度的发展历程

“有问题，百度一下”，这句话已经成为中国人生活中的口头禅，百度也被我们亲切地称为“度娘”，因为百度已经用它10多年的服务融进了中国人的生活。

很多人都在追问“百度为什么能这么快成功?”其实这一秘诀就隐藏在了百度的口号中——“活的搜索　改变生活”，搜索就是百度成功的秘诀。但一个公司的发展如果仅靠技术，显然是远远不够的。因此，如果要解释百度成功的原因，那么我们会加入一个关键词：商业眼光。

2000年，百度推出了应用服务提供商模式（Application Service Provider，ASP），即为各大门户网站提供搜索引擎技术。这一模式的提出与李彦宏在硅谷的经历有关。在硅谷，雅虎和Infoseek等的对比已经让李彦宏明白“术业有专攻”的重要性，搜索引擎技术本身有很高的技术门槛，需要大量的研发投入，而门户网站最关键的并不是搜索引擎技术而是提高自身的页面访问量。对于门户网站来说，将公司有限的资源同时投入搜索引擎和网页目录的研究显然是无效率的，如果瞻前顾后地“眉毛胡子一把抓”，最后会落得个“竹篮打水一场空”，将搜索引擎技术外包的雅虎显然深有体会。在这样的背景下，百度的快速“走红”显然在意料之中。百度初期的应用服务提供商模式在与新浪签约后达到了发展的顶峰，正如同百度当时的广告所写的那样：“在你成功的背后”，“鸡肋”一般的搜索引擎让百度稳稳地站在了各大门户网站的背后，在中国互联网搜索引擎领域占到了超过60%的市场份额。

在应用服务提供商模式中，百度通过收取服务费向门户网站提供搜索引擎服务，而门户网站往往是免费向用户开放的，其在搜索引擎服务上的支出往往有限。2000年底席卷而来的互联网经济泡沫让一些门户网站直接倒闭，仍然屹立的网站在搜索引擎的支出上也收紧了口袋，这对于尚未盈利的百度而言，意味着再继续以应用服务提供商模式进行发展会寸步难行。要找到百度新的盈利增长点，就必须改变百度的商业模式，在这场商业转型中，李彦宏模仿了硅谷的一种商业模式——竞价排名。这是李彦宏基于搜索引擎提出的另一条定律——自信心定律：“谁对自己的网站更有信心，谁就愿意为网站排名付更多钱，从而使它们排在更前面”。这种模式使得百度将目标客户从各大门户网站转为了希望推广的各个公司。在某种意义上，购买百度的竞价服务可以被看作购买了“广告服务”，每一次的搜索都有人买单。

在竞价排名模式中，依托的关键是百度的流量足够大，但在当时的情况下，中国的互联网市场主要由质量参差不齐的小网站构成，百度的搜索引擎服务虽好，但服务费用往往令它们“望尘莫及”，而百度自身的网站流量和几大服务商带来的流量有限，如何扩大百度的流量便成为百度“竞价服务”模式的关键。于是，百度联盟应运而生，百度将自己网站的搜索框免费提供给小网站使用，小网站为其带来流量，分享部分竞价排名的收入。同时，百度采取了在并购方面的举措，将流量大的网站公司收入囊中，如当时市场上的流量大户——Hao123.com。

竞价排名模式对当时的中国互联网界来说是革命性的变革，要让百度的各大投资人及资本市场了解、接受并支持这种商业模式并不容易。为了将竞价排名“广而告之”，从而长期获得资本市场的支持，百度开始了它的上市之路。

2005年，百度在美国纳斯达克上市，资金充足、仅具有单一业务的百度在商业模式逐渐透明时开始尝试新业务，以拓展自己的流量：2006年收购天空软件和千千静听，2008年收购遨游，百度看中的都是这些软件所包含的巨大流量；在2008年后出现的电子商务模式的推动下，百度并购了点讯公司、魔图精灵①；百度通过投资齐家网②、安居客③、北京莱富特佰网络科技股份有限公司④、去哪儿、爱奇艺、知我网⑤等不断地拓展自己的流量，进一步拓展了业务线。

在2013年百度、腾讯、阿里巴巴、京东的业务显示出明显的相互渗透的趋势时，百度提出了新的设想：当现实生活中有联系的实务活动都能用网络痕迹追踪，从而形成一个偌大的流量闭环时，每一个环节的流量出口都是下一个环节的流量入口，一个流量生态系统就会得以实现。在这样的设想下，百度进一步展开了并购蓝图：2013年8月，百度斥资18.5亿美元全盘拿下91无线，依靠91助手加速前进，重新追

---

① 魔图精灵：是创新工场早期投资项目之一，致力于在移动互联网领域为用户提供更好的照片编辑和分享体验。

② 齐家网：国内以装修、建材、家居为核心的非标准定制品以及家居消费品类电子商务平台。

③ 安居客：国内第一房地产租售服务平台。

④ 北京莱富特佰网络科技股份有限公司：技术开发、技术转让、技术咨询、技术服务；设计、制作、代理、发布广告；网上销售礼品、汽车、汽车零配件、计算机、软件及辅助设备、通信设备、电子产品；互联网信息服务等。

⑤ 知我网：化妆品电子商务网站。

上移动互联网大潮；2013 年 5 月，百度收购网络视频供应商 PPS，将 PPS 并入爱奇艺 iQiyi；2014 年，百度收购糯米，进军团购市场；2015 年，百度成为携程最大股东，完全收购了去哪儿，将在线旅行网站带来的流量收入囊中。一个流量生态系统逐渐形成。

4.3 从搜索引擎到多面体：百度的业务模式

百度服务的客户有四类：第一类是使用网站查询资料的用户。第二类是为百度带来收入的顾客，即在搜索引擎上投放广告的顾客，主要包括在百度糯米上活跃的商家、在爱奇艺上投放广告的商户及订阅爱奇艺视频的会员。第三类是百度向其付费的百度联盟中的成员企业。这些企业在其网站中嵌入百度的搜索引擎，向百度输送流量，同时百度会通过在这些企业网站上的百度产品的点击量向其付费。第四类是百度的内容提供商。它们一般拥有视频的版权、地图数据的所有权、App 的所有权或者其他有价值的内容，百度一般根据已经订好的合同向其付费。

百度现有的三大业务：第一类为搜索服务，主要是百度搜索引擎。据 Alexa 截止到 2017 年 11 月 5 日的排名，百度在中文网站中排名第一，在中国搜索引擎中排名第一，在全球综合排名第四。百度的搜索引擎服务主要是 P4P（Pay for Performance）模式，主要收入来源是在百度网站中投放的广告产生的收入。广告给顾客带来的收益很大程度上取决于百度网站的服务质量的吸引力，同时因为这类广告合同主要是短期合同，因而存在已有顾客的留存度不确定和难以吸引到新客户的风险。“魏则西”事件发生后，百度也更加重视用户的信任问题，通过建立顾客信用评级系统（Customer Credibility Ranking System）增加信用评级高的顾客的搜索排序，致力于为用户提供一个更加安全和值得信任的搜索平台。

第二类为交易服务，如百度手游、百度糯米、百度地图等。在游戏方面，百度手游旨在做一个能向顾客提供手游产品的平台。百度糯米由 2014 年百度收购定位为团购网站的糯米网更名而来，现业务线已发展扩大，已成为旨在提供本地生活服务的综合性平台。百度地图提供了用户区域定位、用户行为等信息，被视作为百度“生态圈”提供又一“入口”的智能路线规划、实时路况方面的平台。[①]

第三类为网络视频，如爱奇艺。爱奇艺，原名为奇艺，在2011年历经一次战略变革，升级品牌而推出全新的品牌标志，2年后，百度将之与已收购的PPS业务合并，使规模扩大，成为百度的第三类业务[②]。

根据服务的客户分类，百度三大业务中具体的产品列表见表4-1。

表4-1　**百度产品列表**

搜索服务	
用户	百度搜索引擎www.baidu.com
	百度识图：搜索图片
	百度贴吧：社交平台
	百度知道：问答平台
	百度百科：解释新名词、新内容
	百度文库：线上文件分享平台
	Hao123.com：中文导航站点
	手机百度App
	百度手机助手：提供App下载
	百度手机卫士：综合的手机安全软件
	度秘：对话式人工智能秘书
	百家号：集内容创作者与粉丝于一体的平台
顾客	P4P：按效果付费，即不同于以往的广播电视的广告主按照广告投放时间来付费，P4P按照广告投放后带来的实际效果，即实际用户数量来付费
	百度新闻：提供新闻
	百度品牌专区：著名品牌资讯发布的平台
网络营销服务	SSP、DSP、BES、DMP、百度云
交易服务	百度糯米、百度地图、百度外卖、百度手游、百度钱包、百度信誉、百度财富管理、百度网盘
网络视频	爱奇艺和PPS

资料来源：根据百度公司年报整理。

① 业务介绍资料来自百度百科。
② 业务介绍资料来自百度百科。

表 4-2 列出了百度三大业务模式的盈利情况，其中搜索服务营业利润占总利润的比重最大，交易服务和网络视频在 2016 年的利润为负。

表 4-2　　　　百度根据业务分类的盈利情况

	2014年（万元人民币）	2015年（万元人民币）	2016年（万元人民币）	2016年（万美元）
	RMB	RMB	RMB	US$
搜索服务				
收入	43 727 459	55 667 478	55 375 031	7 975 663
营业利润	20 547 793	28 117 837	27 152 807	3 910 818
交易服务				
收入	3 822 456	7 005 941	4 894 486	704 953
营业亏损	（5 973 978）	（13 145 445）	（12 386 035）	（1 783 960）
爱奇艺				
收入	2 873 552	5 295 760	11 283 329	1 625 137
营业亏损	（1 110 299）	（2 383 438）	（2 765 169）	（398 267）
三大服务之间交叉部分				
收入	（1 371 149）	（1 587 450）	（1 003 482）	（144 531）
营业利润（亏损）	302 988	469 718	（192 535）	（27 732）
三大服务总营业利润	13 766 504	13 058 672	11 809 068	1 700 859
未分配费用	（962 740）	（1 387 118）	（1 759 988）	（253 491）
总营业利润	12 803 764	11 671 554	10 049 080	1 447 368

数据来源：根据百度公司年报整理。

表 4-3 列出了百度三大业务盈利收入和成本在 2014—2016 年间的变化情况。从表 4-3 可以看出，百度的搜索服务已较为成熟，是百度的主要收入来源；而百度的交易服务在 2016 年收入大幅衰减。2017 年 3 月 23—26 日，在海南博鳌召开的博鳌亚洲论坛 2017 年年会中，饿了么创始人张旭豪提到，在网络订餐平台行业中领头的“饿了么”仍未实现盈利。2017 年 8 月 24 日，“饿了么”宣布与百度外卖合并。而爱奇

艺收入和营运成本的增加反映了百度的多元化策略，从百度并购携程到并购爱奇艺，结合自己已有的产品，百度正在尝试着建立一个“生态系统”，从互动、地图到视频、新闻，如爱奇艺、百度地图、百度知道、百度贴吧、百家号、百度百科、百度新闻等，囊括了百度大部分主要的搜索产品，以达到更好的留存现有用户的目的。

表 4-3　**百度根据业务分类的营运收入和成本分布**

	2014年（万元人民币）	2015年（万元人民币）	增长年（%）	2016年（万元人民币）	2016年（万美元）	增长（%）
收入						
搜索服务	43 727 459	55 667 478	27	55 375 031	7 975 663	-1
交易服务	3 822 456	7 005 941	83	4 894 486	704 953	-30
爱奇艺	2 873 552	5 295 760	84	11 283 329	1 625 137	113
营运成本&费用						
搜索服务	(23 179 666)	(27 549 641)	19	(28 222 224)	(4 064 845)	2
交易服务	(9 796 434)	(20 151 386)	106	(17 280 521)	(2 488 913)	(14)
爱奇艺	(3 983 851)	(7 679 198)	93	(14 048 498)	(2 023 404)	83

数据来源：根据百度公司年报整理。

表 4-4 列出了百度的成本构成。从表 4-4 可以看出，近年来百度的总成本不断增加，这主要是由版权成本和流量获取成本（Traffic Acquisition Costs，TAC）等的增加所致。其中，版权成本主要用于支付给百度第三类业务爱奇艺中的视频提供商。百度的流量获取主要来自于百度与百度联盟中会员企业的合作关系，百度将自己的搜索引擎链接到百度联盟企业的网站上，通过在该网站链接到百度搜索引擎的点击量向企业付费，这一部分形成了百度的流量获取成本，流量获取成本是网页搜索公司常有的一项支出。

近年来，百度面临愈来愈大的竞争压力：在提供互联网服务方面的竞争对手有腾讯、阿里巴巴、今日头条；在交易服务方面的竞争对手有美团、口碑、高德导航、支付宝、微信支付；在网络视频方面的竞争对

表 4-4　　百度的成本构成　　单位：万元

	2014年（人民币）	比例（%）	2015年（人民币）	比例（%）	2016年（人民币）	比例（%）
总收入	49 052 318	100	66 381 729	100	70 549 364	100
消费税及附加	−3 597 763	−7.3	−4 644 357	−7	−4 718 468	−6.7
流量获取成本（TAC）	−6 328 155	−12.9	−8 860 861	−13.3	−10 372 516	−14.7
宽带费用	−2 847 770	−5.8	−3 716 747	−5.6	−4 716 416	−6.7
折旧	−1 987 690	−4.1	−2 559 623	−3.9	−3 074 893	−4.4
营运成本	−2 217 555	−4.5	−3 881 609	−5.9	−4 429 713	−6.3
版权成本	−1 871 906	−3.8	−3 745 063	−5.6	−7 863 585	−11.1
股权激励支出	−34 611	−0.1	−49 770	−0.1	−103 354	−0.1
总成本	−18 885 450	−38.5	−27 458 030	−41.4	−35 278 945	−50

数据来源：根据百度公司年报整理。

手有优酷、腾讯视频；在提供的广告服务质量方面，杂志、报纸、中国黄页都是百度的竞争对手。对流量入口的竞争使得百度的 TAC 不断提升。

4.4　谷歌、雅虎与搜狐

4.4.1　谷歌（Google）

1998 年，拉里·佩奇和谢尔盖·布林共同开发了谷歌在线搜索引擎，成立谷歌公司。2004 年，谷歌公司正式在美国纳斯达克挂牌上市。谷歌的使命是组织全世界的信息，并使其能够普及和使用。

谷歌的盈利模式主要是通过提供在线广告获得收入（2016 年，谷歌的广告收入占总收入的 88.73%，见表 4-5）。Google 的核心产品有谷歌搜索引擎、Android、Google 地图、Chrome、YouTube、Google Play 和 Gmail 等，每个产品都有超过 10 亿的月活跃用户数。其广告业务的目标是：不论用户使用的是什么设备，在恰当的时间提供相关的广告，并为用户提供有用的商业信息。谷歌的广告主要分为两种：效果广告（Performance Advertising）和品牌广告（Brand Advertising）。

表 4-5　　谷歌收入组成　　单位：百万美元

年份	2014	2015	2016
广告收入	59 624	67 390	79 383
占比	90.79%	90.40%	88.73%
其他收入	6 050	7 154	10 080
谷歌总收入	65 674	74 544	89 463

数据来源：根据谷歌公司年报整理。

效果广告是根据用户点击量付费的“文字”广告链接。谷歌通过以拍卖为基础的广告计划 AdWords 帮助广告商创建简单的基于文字的广告，这些广告将显示在 Google 资源和 Google 联网会员的媒体资源中，因而，用户在使用谷歌搜索引擎及其子产品时，一旦查看或者点击广告，谷歌就能获得收入。

品牌广告通过在各种设备上运行的视频、文字、图片和其他互动广告与用户接触，为广告商进行品牌营销活动。

同时，谷歌在甄别不良广告方面进行了大量的投入，确保其广告不会投放不良内容，从而增强用户体验，包括每年从系统中删除数以亿计的不良广告、密切监控投放了广告的网站和应用、在必要时将其列入黑名单等措施。百度近年来也准备发展这一模式。

4.4.2　雅虎

雅虎由杨致远和大卫·费洛（David Filo）于 1994 年成立，1996 年 4 月 12 日在美国华尔街上市。2017 年 6 月 13 日，美国大型通信企业威瑞森通信 Verizon 完成对雅虎核心业务的收购，收购价格为 4 475 800 000 美元。至此，成立 20 多年的互联网巨头雅虎正式退出历史的舞台。

雅虎的业务主要是三块：一块是搜索服务；一块是沟通服务；一块是数字化内容提供服务。其中，搜索服务主要包括雅虎搜索；沟通服务包括雅虎邮箱、雅虎通（即时消息服务）；数字化内容提供服务包括雅虎新闻、雅虎体育、雅虎财经、雅虎生活、微博客等。广告收入（包括总搜索收入和总显示收入）是其收入的主要来源，2016 年，雅虎广告收入占其总收入的 90.04%。雅虎总收入组成见表 4-6。

表 4-6 雅虎总收入组成 单位：万元

年份	2014	2015	2016
总搜索收入	1 831 985	2 113 848	2 673 100
总搜索收入占总收入百分比	39.67%	42.55%	51.71%
总显示收入（Display Revenue）	1 880 117	2 085 754	1 981 535
总显示收入占总收入百分比	40.71%	41.98%	38.33%
其他收入	906 031	768 699	514 500
其他收入占总收入百分比	19.62%	15.47%	9.95%

注：部分数据有尾差调整。

数据来源：根据雅虎公司年报整理。

其中，搜索收入是指用户通过雅虎移动端或是电脑端得到搜索结果，在页面上点击广告主的网站链接而产生的收入（搜索广告）。搜索收入是根据付费点击确认的，当最终用户点击雅虎或其分公司网站上的广告客户发布的链接时，就会发生付费点击。显示收入是通过显示图形、非图形和视频广告而产生的（显示广告），其计费方式是通过根据广告客户指定的标准（例如针对特定受众或特定展示位置的固定时段内的展示次数）投放广告，从而获得有保证或“高级”展示广告的收入。雅虎的广告客户产品 Yahoo Gemini（搜索的重点是帮助客户的广告在用户做出相关搜索查询时到达目标受众群体）和 2014 年 11 月收购的视频广告平台 BrightRoll 支持了这两种广告投放模式。从以上数据可以看出，雅虎的主要收入来源是广告，收入渠道相对于百度而言较为单一。

4.4.3 搜狐

2000 年，搜狐公司（NASDAQ：SOHU）在美国纳斯达克正式挂牌上市。搜狐是中国领先的在线媒体搜索和游戏服务集团，在中国提供个人电脑和移动设备的综合在线产品和服务。搜狐的业务模式主要由三块组成：搜狐、搜狗和畅游。其中，搜狐是在线媒体内容和服务提供商，主要收入来源为品牌广告收入，2016 年其收入占比为 24.76%；搜狗为在线搜索、客户端软件和移动互联网产品提供商，2016 年搜索服务收入占比为 36.18%；畅游是网络游戏开发商和运营商，2016 年线上游戏产生的收入占比为 23.98%。

搜狐的核心收入来源有两种：在线广告收入（63.32%）和网络游戏收入（23.98%）。其中，在线广告收入又分为品牌广告收入和搜索及其相关收入。品牌广告收入主要来自于搜狐（2016 年占比为 24.76%）。搜狐主要有四种类型的定价模式，包括固定价格模式（Fixed Price Model）、每次印象成本（CPM）模式、电子商务模式（E-commerce Model）和每次点击成本（CPC）模式。在固定价格模式下，类似于传统的广告服务，广告商与企业签订合同，为提供的广告服务设定固定价格。在 CPM 模式下，每个广告展示的单价是固定的，但与广告客户签订的广告服务没有总体的固定价格，当一个广告符合合同中规定的标准时才计费，因而总的广告费为合格的广告数量与单价的乘积。在电子商务模式下，收入主要来自搜狐焦点销售的会员卡，让潜在购房者以低于普通用户的购买价格从房地产开发商那里购买特定房产。在 CPC 模式下，与广告商签订的合同中同样没有广告服务的总体固定价格，但不同于 CPM 模式的“合格的广告”标准，CPC 模式是当用户点击广告时，搜狐会按点击量付费给广告客户。搜索及其相关收入主要来自于用户在搜狗搜索的结果中点击广告商投放的广告链接产生的相应收入。2016 年，该部分占比为 36.18%（见表 4-7），网络游戏收入中的线上游戏占比为 23.98%。

与搜狐涉及的领域相比，百度涉及的领域虽然与搜狐类似，包括搜索服务和视频服务，但两者的盈利模式其实有很大的差别。在百度 2016 年的收入组成中，仅搜索服务收入占比就达到 78.49%，而搜狐的搜索服务收入占比为 40.01%；百度的爱奇艺占比为 15.99%，搜狐的搜狐视频收入占比为 7.46%；搜狐在游戏领域的收入占比为 31.83%。值得注意的是，搜狐的在线广告收入虽然为 63.32%（2016 年），但实际上包括了两种主要的广告盈利模式，而百度的搜索服务收入主要来自 P4P 模式，实际上类似于搜狗中的搜索服务。同时，搜狐的用户流量主

表 4-7 **搜狐收入组成**

	收入（百万美元）	占比
搜狐焦点	103.70	6.28%
搜狐视频	123.10	7.46%
搜狐网	181.80	11.02%
品牌广告收入	408.60	24.76%
其他	56.00	3.39%
搜狐	464.60	28.15%
搜索及其相关收入	597.10	36.18%
其他	63.30	3.84%
搜狗	660.40	40.01%
线上游戏	395.70	23.98%
品牌广告收入	39.40	2.39%
其他	90.30	5.47%
畅游	525.40	31.83%
总收入	1 650.40	100%

注：数字有尾差调整。

数据来源：根据搜狐公司年报整理。

要来自于自身的产品，依靠外在获取的流量很少，主要体现在搜狐的TAC（流量获取成本）全部来自于搜狗的搜索服务（通过在其分公司的网页上嵌入搜狗的搜索引擎而获得额外的流量，2016 年 TAC 仅为 18 800 万美元）。

4.4.4 对比公司总结

表 4-8 列示了百度及其可比公司之间业务的差异。其中，对于百度及其可比公司这类信息搜索公司而言，在线广告收入占其主要的收入来源，平均占比为 81.36%，但其主要的盈利模式又各不相同；百度以搜索服务广告为主，而其他三家对比公司或多或少涉及一些通过视频、图片、互动广告等形式获得收入。

表 4-8　**百度及其对比公司服务类型及相应收入占比（2016 年）**

百度	占比	谷歌	占比	雅虎	占比	搜狐	占比
搜索服务	78.49%	表现广告	88.73%	搜索收入	51.71%	搜狗	40.01%
交易服务	6.94%			显示收入	38.33%	搜狐	28.15%
爱奇艺	15.99%	其他收入	11.27%	其他收入	9.95%	畅游	31.83%

数据来源：根据各公司年报整理。

对于这类互联网公司，其搜索服务很大程度上依赖于用户的流量及活跃度。自 2012 年开始，监管机构要求互联网公司单独将流量获取成本（TAC）在与收入相关的成本项内而非传统的销售、管理费用项内核算。表 4-9 列示了百度及其可比公司自 2013 年开始的流量获取成本的变化及趋势。数据显示，流量获取成本在搜索服务类公司成本中所占比重较大，2016 年平均占到 31.87%，谷歌的 TAC 占比最大，搜狐的 TAC 占比最小，同时从流量获取成本的绝对额上看，谷歌的 TAC 最大，搜狐的 TAC 最小；2013—2016 年，各公司的流量获取成本绝对值皆逐年增加，但在相对额占比上，百度与谷歌的流量获取成本占总营运成本的比重在 2015—2016 年都有所减少。

表 4-9　**百度及其可比公司流量获取成本（TAC）**　单位：百万美元

年份	2013	2014	2015	2016
百度	611.88	1 019.91	1 367.88	1 493.95
成本占比	32.29%	33.51%	32.27%	29.40%
雅虎	254.44	217.53	877.51	1 650.79
成本占比	6.22%	4.86%	9.03%	28.39%
谷歌	12 258.00	13 497.00	14 343.00	16 793.00
成本占比	55.74%	52.54%	50.93%	47.79%
搜狐	56.30	89.30	147.40	188.20
成本占比	11.73%	13.02%	17.16%	21.89%

数据来源：根据各公司年报整理。

除上述数据外，表 4-10 还列示了 2016 年百度及其他公司的收入、

UV、PV 数据的对比。互联网企业经常关注的数据有日均 IP（Internet Protocol）访问量和独立访问者数量 UV（Unique Visitors）。前者代表平均每日访问某一特定网站的用户数，因为每个用户对应着一个独立的 IP 地址，访问量的大小也就可以间接地反映流量的大小，但 IP 访问量忽略了同一个局域网下（相同的 IP 地址）的差异度。独立访问者数量 UV 将电脑客户端作为核算目标，统计在一天（00：00—24：00）内访问某一特定网站的电脑客户端数量，相同客户端访问记为 1 次。在这种统计方法下，UV 统计结果解决了 IP 访问量忽略同一局域网下不同网站使用者的问题，但不能精确地区分不同使用者共用一个电脑的行为。PV（Page View）数可以从"深度"方面衡量流量的特征，指的是用户查看页面的数量，用户每刷新一次页面也计算在内，因而该指标可以在一定程度上反映用户使用网页的频率。

表 4-10　2016 年百度及其他公司的收入与 UV、PV 的对比

	谷歌	雅虎	搜狐	百度
总收入（千美元）	90 272 000	5 169 135	1 650 431	10 161 222
净收入（千美元）	19 478 000	（209 463）	（114 973）	1 670 115
日均 PV 浏览量（一周平均）	2 576 346 000	200 427 750	6 166 875	415 167 750
TAC（百万美元）	16 793	1 651	188	1 494
市值（百万美元）	715.8220	62.5300	2.2360	84.0600
UV（3 月平均）每百万人中访问人数	416 500	81 450	4 030	98 960
市值/UV（3 月平均）	0.0017	0.0008	0.0006	0.0008
市销率	7.93	12.10	1.35	8.27

数据来源：各公司年报、Alexa 排名，数据截止日期为 2017 年 11 月 5 日。

4.5　可比公司估值法：建立股价与用户数的关联

目前互联网公司估值还没有一套完整成熟的绝对估值方法，有人采用相对估值方法进行评估，常用指标是行业平均的 P/E（市盈率）、P/B（市净率）、P/S（市销率）；另一定价思路常常来自于著名的梅特卡夫定

律[①]。其实，梅特卡夫定律也可以归入相对估值法，只不过其采用的比率是与互联网企业密切相关的一些指标（比如用户数）。

可以利用过去的股价与用户数的关系建立起互联网企业的估值模型，还可以在此基础上加上一些财务数据来建模。建模最关键的问题在于确定股价与用户数（或其他互联网特殊指标）之间的乘数关系系数。

可以采用如下步骤确定乘数关系系数：

第一步，选择一些类似的样本，如上述案例中提到的谷歌、雅虎、搜狐。由于腾讯、新浪等缺乏类似数据，所以从样本中剔除。

第二步，搜集这些样本的股价及可能与股价有密切关系的关键指标。基于案例中百度及其对比企业的特征分析，百度的信息搜索服务占总收入的78.49%，因而流量相关指标成为区分比较互联网公司的重要因素，主要有日均IP访问量和独立访问者数量UV两个指标。对于流量维度，可以使用UV（3月平均，截止日期为2017年11月5日）每百万人中访问人数作为关键价值指标，以及用它来构造市值/UV（3月平均）乘数，而PV值作为流量的“深度”特征纳入关键价值指标。除流量以外，还可以纳入总收入、净收入等财务指标。在成本中，信息搜索类公司中独特的成本便是流量获取成本，该成本一定程度上反映的是用户获取的容易度，若流量获取成本高，意味着用户获取成本高；若流量获取成本低，意味着用户获取成本低。TAC也纳入关键指标。

第三步，识别哪些样本和指标更适合于对目标公司估值，可以采用贴近度识别的方法（李然，2017）。

因为各关键价值因素之间本身存在差异，所以将各公司数据进行单位化处理，使各关键价值因素之间的权重为等权，计算公式如下：

$$a'_i = \frac{a_i - \bar{a}_i}{S_i}$$

其中：$\bar{a}_i$ 为 a_i 的算术平均值；S_i 为 a_i 的标准差。

计算结果见表4-11。

① 梅特卡夫定律认为网络的价值与使用网络的用户数的平方之间存在正相关关系。

表 4-11 **标准化**

	谷歌	雅虎	搜狐	百度
总收入	1.4949	−0.5099	−0.5928	−0.3923
净收入	1.4938	−0.5668	−0.5569	−0.3701
UV（3月平均）每百万人中访问人数	1.4611	−0.3774	−0.8023	−0.2814
日均 PV 浏览量（一周平均）	1.4853	−0.5008	−0.6632	−0.3213
TAC	1.4948	−0.4296	−0.6155	−0.4496

第四步，用乘数关系确立估值与指标之间的关系，从而可用于在未来估算目标公司的价值。将百度与可比公司的每一项关键价值因素进行归一化，得到百度与可比公司在同一关键价值因素下的相对值。计算公式为：

$$a''_i = \frac{a'_i - \min\limits_{0<k<5}(a'_k)}{\max\limits_{0<k<5}(a'_k) - \min\limits_{0<k<5}(a'_k)}$$

计算结果见表 4-12。

表 4-12 **归一化**

	谷歌	雅虎	搜狐	百度
总收入	1.0000	0.0397	0.0000	0.0960
净收入	1.0000	0.0000	0.0048	0.0955
UV（3月平均）每百万人中访问人数	1.0000	0.1877	0.0000	0.2302
日均 PV 浏览量（一周平均）	1.0000	0.0756	0.0000	0.1591
TAC	1.0000	0.0881	0.0000	0.0786

进而，根据模糊数学贴近方法可得到各可比公司与百度之间的贴近度结果：

$$\sigma(A,B) = \frac{\sum\limits_{k=1}^{5}[A(x_k) \wedge B(y_k)]}{\sum\limits_{k=1}^{5}[A(x_k) \vee B(y_k)]}$$

其中：5 表示为样本中的特征值个数为 5 个，k=1（总收入），2（净收入），3（UV），4（日均 PV 浏览量），5（TAC）；$A(x_k)$ 为百度的关键价值因素中第 k 个特征的 a''_i 值；$B(y_k)$ 为百度的对比企业对应的关键价值因素中第 k 个特征的 a''_i 值；∧为取两者之中较小者；∨为取两者之中较大者。

计算结果见表 4-13。

表 4-13　　可比公司贴近度

	谷歌	雅虎	搜狐（搜狗）
百度	0.1319	0.5705	0.0073

从表 4-13 的计算结果可以看出，百度与雅虎和谷歌的贴近度较高，与搜狐的贴近度较低。可以采用谷歌和雅虎对百度进行估值，通过对谷歌和雅虎与百度的贴近度进行配比，得到估值百度时需采用的谷歌和雅虎对应数据的相关权重，相应权重为 0.1878（0.1319÷（0.1319+0.5705））和 0.8122（0.5705÷（0.1319+0.5705）），因而得到相应的综合估值乘数，见表 4-14。

表 4-14　　估值及市值对比

	估值乘数	估值（百万美元）	市值（百万美元）
市值/UV（3 月平均）	0.0009	93.6418	84.0600
市销率	11.3144	114.9679	84.0600

在市值/UV 和市销率估值下的每股价格以及 2017 年 11 月 3 日的市场价格见表 4-15。

表 4-15　　每股估值及市值对比

	估值（美元）	市值（美元）
市值/UV（3 月平均）	269.69	241.54
市销率	331.10	241.54

我们可以看到，用 UV 对百度估值相较于市销率与市值更加接近，但不论是用 UV 还是市销率进行估值的结果都高于当下市场市值。

4.6　剩余收益估值法：什么是真实的价值？

我们基于剩余收益模型对百度进行估值。

第一步，使用 CAPM 模型计算资本成本 r_E：

$$r_E = r_f + \beta \times (r_M - r_f)$$

其中：r_f 为无风险利率；r_M 为市场收益率。

取 2007 年 11 月 5 日—2017 年 11 月 4 日美国联邦基础利率（日）平均值作为无风险利率，$r_f = 0.46\%$；取 2014 年 11 月 5 日—2017 年 11 月 4 日百度与道琼斯工业指数回归得到的调整后的贝塔系数，$\beta = 1.0177$；市场利率取 2007 年 11 月 5 日—2017 年 11 月 5 日道琼斯工业指数的日年化收益率，$r_M = 7.41\%$；利用资本资产定价模型得到的百度的股权收益率为 $r_E = 7.53\%$。

第二步，根据 4.3 商业模式及 4.5 贴近度的分析和计算，我们得到雅虎和百度的贴近度最高，因此我们拟通过分析雅虎从 1996 年上市至 2017 年被收购的稀释 EPS 增长情况对百度未来的稀释 EPS 做出估计。我们观察图 4-1 可知，雅虎上市 10 年后稀释后的 EPS 呈现窄幅波动，考虑百度与雅虎的相似性，我们拟用雅虎 2006—2011 年稀释后的 EPS 增长数据预测百度 2018 年稀释后的 EPS 值，计算得到雅虎 2006—2011 年稀释后的 EPS 平均增长率为 1.10。

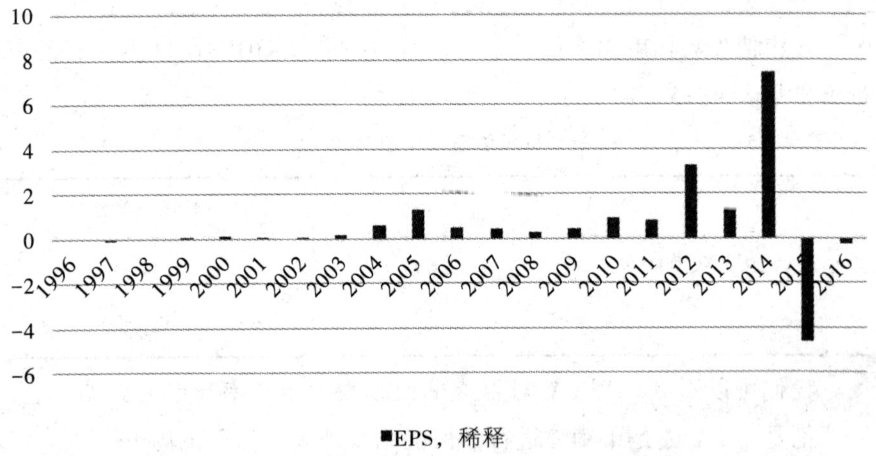

图 4-1 1996—2016 年雅虎的稀释 EPS

数据来源：根据搜狐公司年报整理。

因此我们通过公式 $BPS_t=EPS_{t-1}\times1.10$ 得出 2018—2020 年的百度预测 EPS 值。因为百度过去从未有过分红记录，所以估计每股分红

（Dividents Per Share，DPS）为0，具体数值见表4-16中2018—2020年的EPS和DPS数据。根据EPS数据、DPS数据和前一年的每股账面价值（Bookvalue Per Share，BPS）数据，就可以推算出每一年的BPS数据。推算公式如下：

$$BPS_t=BPS_{t-1}+EPS_t-DPS_t$$

每期计算结果见表4-16第四行。

表4-16 **百度估值（增长率1%）**

	2017A	2018E	2019E	2020E
EPS（RMB&ADS）	52.41	57.65	63.42	69.76
DPS		—	—	—
BPS（RMB&ADS）	720.20	777.85	841.27	911.03
ROCE		0.08	0.08	0.08
RE（要求回报率为7.53%）		3.42	4.84	6.41
折现因子（1.0753^t）		1.08	1.16	1.24
RE现值		3.18	4.19	5.16
至2020年总现值	12.52			
永续价值				99.15
永续价值的现值	79.74			
每股价值（RMB）	812.47			
汇率（2017年报）	6.50			
每股价值（$）	124.91			

数据来源：作者计算得出。

第三步，计算普通股股东权益收益率（ROCE）。计算公式如下：

$$ROCE_t=EPS_t/BPS_{t-1}$$

每期计算结果见表4-16第五行。

第四步，计算2018—2020年的剩余收益（RE）。计算公式如下：

$$RE_t=(ROCE_t-r_E)\times BPS_{t-1}$$

每期计算结果见表4-16第六行。

第五步，将未来的剩余收益用折现因子折现，计算出 2018—2020 年的 RE 现值，并加总得到 2018—2020 年的 RE 总现值。计算公式为：

$$RE现值_t = \frac{RE_t}{折现因子}$$

RE 总现值计算结果为 12.52。

第六步，计算 2021 年及之后持续期剩余收益在 2020 年的价值。在此过程中需要预计百度的增长情况。

根据 4.3 商业模式及 4.5 贴近度的分析和计算，我们得到雅虎和百度的贴近度最高，因此我们拟通过分析雅虎从 1996 年上市至 2017 年被收购的收入增长情况对百度未来的增长情况做出估计。从图 4-2 可以看出，在上市 9 年（2005 年）后，雅虎的增长率开始有所减缓，在其后的 10 年间（2006—2016 年）窄幅波动；而百度自 2005 年上市至 2016 年，恰好也是 10 年左右的时间。

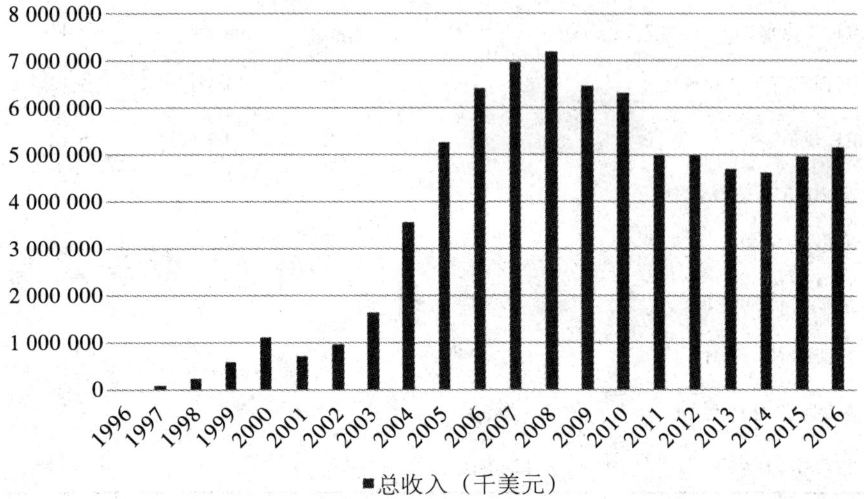

图 4-2 1997—2016 年雅虎总收入变化情况

因而，根据雅虎的增长率数据，我们在剩余收益模型中保守估计百度自 2017 年开始可以保持 1% 的速度持续稳定增长（g=1%），其中 2021 年及之后持续期剩余收益在 2020 年的价值的计算公式为：

$$持续价值 = RE_{2020} \times \frac{1+g}{r_E - g}$$

计算结果为 99.15。

第七步，将2020年得到的持续价值折现到2017年，结果为79.74。

第八步，将2017年的BPS、2018—2020年的剩余收益现值、2021年及以后的持续剩余收益的现值加总得到百度在2017年的估值为812.47元人民币/股，用2017年百度公司年报披露的汇率1美元=6.50元人民币换算百度的估值为125美元/股。

在计算过程中需注意，百度在2010年5月12日将ADS与Class A的兑换比率从1∶1调至10∶1，因而在计算过程中，需严格注意使用数字的单位，以保证计算的准确性。

由于资本成本和剩余收益未来增长率是影响估值结果的重要因素，对此做进一步的敏感性分析，见表4-17。表4-17中第一列代表不同的永续增长率，第一行代表资本成本的变化。2017年11月5日，百度的股价是241.54美元/股，结合表4-17的敏感性分析可知，利用剩余收益法，得到百度的估值基本是低于股价的，市场存在高估。

表4-17　　**敏感性分析**

R_i=	7.53%	8.53%	9.53%	6.53%	5.53%
g=0%	123.18	106.74	93.81	144.72	174.15
g=1%	124.91	106.34	92.16	150.28	186.95

数据来源：作者计算得出。

在分析过程中可以查询同行业上市公司的数据进行对比分析，可以通过Wind数据库、雅虎金融等搜集相关信息。

4.7　案例小结

这些年来，百度从单一的搜索引擎发展到以构建互联网生态系统为目标的多面体，仿佛正在形成一个庞大的流量闭环，流量在其中发挥的作用愈来愈大。在这样的背景下，在以往采用的相对估值法的“分母”指标选择范围中，一般考虑的是“利润、账面价值、销售额”，这些都跟公司财务报告有关，而用传统财务数据反映的“企业价值”到底会滞后多少时间，我们不得而知；前章所述的“可比公司估值法”仍被我们归类为“相对估值方法”，我们回到相对估值方法中“分母”的最初选择规律，选择对企业价值最为重要的“因素”作为分母，即“流量”，估值结果更为“及时”，在一定程度上克服了利用传统财务报告造成的“滞后估值差异”。

第5章　互联网游戏公司的估值比较：以IGG公司为例

5.1　辐射全球的互联网游戏商

IGG（I Got Games）互联网公司创立于2006年，并于2013年10月18日在香港联合交易所创业板上市，股份代码为00799.HK。该公司主要在国际市场上从事手机游戏开发及运营，其游戏业务面向全球并拥有数量众多的国际用户，目前累计注册用户数超过4.8亿人次。IGG公司从2013年起将集团的总体战略目标变更为以手机游戏开发为主，以移动端市场为主市场。为了更好地服务全球市场，目前其游戏产品已开发多达20种不同的语言版本，凭借网页开发和客户端网游两个方面的良好表现及较好的游戏体验效果深受玩家的喜爱和支持，并在此期间多次获得国际大奖。该集团时刻保持“与时俱进，不忘初心”的企业文化精神，一直致力为全球玩家打造高质量高水平的游戏产品。

IGG集团总部设在新加坡，在中国、美国、加拿大、日本、韩国、泰国、俄罗斯及菲律宾都设有分支机构，用户玩家遍布全球200多个国家和地区。2017年，IGG公司的收益主要来自亚洲、北美洲和欧洲，占比为49%、26%和21%，如图5-1所示。

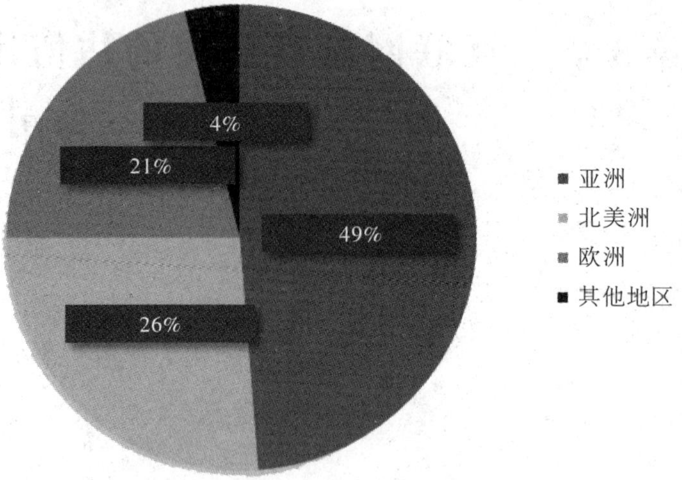

图5-1 IGG全球营业收入地区分布图

数据来源：IGG公司年报。

目前，IGG不仅与Apple、Google、Amazon和Microsoft等平台长期密切合作，而且与数百家广告商和供应商建立了长期伙伴关系，此举进一步加强了该集团在全球市场上的竞争优势。2017年，APP Annie统计数据显示，IGG在全球领先的热门游戏开发与运营商的排名中名列第21位。由Pocket Gamer发布的“2017年全球50大移动游戏开发商”榜单中IGG位列第19名。2018年5月，根据APP Annie发布的“中国App发行商‘出海’收入排行榜”（见表5-1），FunPlus排在状元位置（依靠的是《火枪纪元》及《阿瓦隆之王》新版本的强势表现），IGG力压网易和腾讯，成为国内游戏公司在海外业务收入排行榜的榜眼。FunPlus具有较强的游戏开发运营能力，与Facebook、AppStore等大平台建立了长期较为稳定的合作关系，上海中技控股曾以9.6亿美元购买了FunPlus旗下的点点互动，当年最大的游戏公司收购案由此诞生。目前FunPlus暂没上市，由此可见中小游戏厂商的实力在不断增强。

表 5-1 中国 APP 发行商“出海”收入排行榜

排名	公司
1	FunPlus
2	IGG
3	网易
4	智明星通
5	龙腾简合
6	易幻网络
7	游族
8	Tap4Fun
9	龙剑悦动
10	腾讯

数据来源：APP Annie。

2017 年，IGG 集团在全球范围内依然保持本地化经营战略，不断开拓亚非、欧美等国际市场。IGG 2017 年年报显示，该集团为了更好地推广《王国纪元》，特邀好莱坞作曲大师 Klaus Badelt 为其定制专属配乐，另外通过明星代言、人气网红造势、与知名手机商和电信巨头等合作的方式一同推广游戏产品。

5.2 民族网游进军欧美市场：IGG 的发展历程

IGG 作为首批进军全球市场的游戏企业，在风云变幻的全球游戏行业中勇于创新、勇于变革，其转型之路经历了从代理到自研、从端游到页游、最后到手游的过程，把握住了市场脉搏，并顺应了全球游戏行业的发展变化。

5.2.1 无奈之下选择出海之路

2010 年，正值海外游戏市场收入具有爆发点的一年，页游成为游戏公司争相研发的游戏类型。中国最早出海的一批游戏巨头依靠爆款页游逐渐发展壮大起来，IGG 就是其中之一。

IGG 凭借页游立足，推出的数款页游吸引了大批玩家，2011 年已经在全球拥有上千万的注册用户。2013 年，IGG 旗下的《Galaxy Online2》创造了每月盈利 100 多万美元的优秀业绩，随着公司盈利状况的不断改善和提高，同年 IGG 在港交所上市，并成为当时中国游戏市场上的明星企业。IGG 在通过做页游赚取第一桶金的情况下，顺应时代的发展潮流，将手游作为公司未来的主要发展方向，自 2013 年推出爆款手游《城堡争霸》后，具有代表性的游戏作品还有《领主之战 2》和《王国纪元》，这些游戏产品成就了 IGG，使它成为中国海外游戏业务收入最丰厚的公司之一。

IGG 最初选择出海之路却是无奈之举。IGG 的首席执行官蔡宗建与 5 个合伙人在 2001 年建了名为“17173”的游戏资讯网站，名字由谐音“一起一起上”而来，17173 网站成立后，超越新浪成为国内提供游戏资讯最大最全的网站，凭借增加众多游戏外挂内容吸引了很多游戏玩家。该网站成长迅速，然后逐渐减少外挂资源，最后成为一个单纯的游戏资讯网站。在此期间，蔡宗建把网站卖给了网龙的子公司——天晴数码，并负责网站运营工作，不到 3 年的时间，页面访问量猛增到 4 100 万，据天晴数码 CTO 陈宏展透露，2003 年其利润超 2 000 万元。然而，2003 年 11 月，网龙董事长刘德建却做了出人意料的决定，将 17173 网站卖给搜狐以获取大量资金发展公司，这件事导致了蔡宗建的愤然离职。

2006 年，蔡宗建与池元在福州成立了天盟数码。然而，随着网龙、巨人网络和金山的相继上市，使得这几家游戏公司在募集资金后迅速壮大，IGG 刚刚成立就与中国游戏巨头相争无异于以卵击石，其在国内的发展前景十分堪忧。“要和它们这些大象来比，如果在中国做，我们早就不存在了”，IGG 首席运营官许元讲述当初选择出海的缘由。

出于无奈，IGG 做出背井离乡的战略决策，这似乎从一开始就决定了 IGG 有一颗热切回国的心。

5.2.2 漫漫曲折回国路

当今的IGG可谓是高歌猛进，不断在创造历史新高。IGG集团2017年年报显示，集团全年收入和净利润均有不错的表现，前者同比大幅跃升89%至6.1亿美元，后者同比增长117%突破1.5亿美元。IGG有着优质的资金源，App Annie发布的“年度发行商52强”排行榜显示，IGG连续3年入榜，并且名次不断攀升，在上榜的华人企业中保持前三。在专业人才方面，IGG在美国、泰国、日本、中东等全球范围内的多个国家和地区实行本地专业管理团队运营的方式。至于IGG的品牌效应，从IGG发展页游开始至今，在全球积累了众多玩家，其注册用户数达到4.8亿人次，每月活跃用户数突破千万。

IGG在海外市场将产品推广到全球的营销手段越来越成熟，我们可以从其游戏本地化效率的提升上窥见一斑。IGG项目管理部管理人员曾经向媒体表示，IGG具有将游戏产品在短时间内向全球精准化推广的能力，然而IGG在海外市场得心应手的发展之道却屡屡在国内受阻，在IGG打算借助《王国纪元》打入国内市场之前就已经经历了两次惨痛的教训，不禁让人想起屈原《离骚》里“路漫漫其修远兮，吾将上下而求索”的诗句。

2011年，IGG在海外市场初尝甜果后便萌生了回国发展的念头，准备凭借《百年战争》和《泰坦战争》两款游戏产品进军国内市场，因为IGG对这两款产品十分有信心：游戏产品研发长达三年、中美新三地研发团队联合打造、最擅长的MMO RPG游戏类型（Massive Multiplayer Online Role-Playing Game，大型多人在线角色扮演游戏）。除此之外，IGG为了增加在国内的曝光度，还煞费苦心地采取了指派高管做采访的方式。如此大规模的投入却让IGG第一次遭遇“滑铁卢”，并且使IGG认识到国内行情与国外不同，大部分国内玩家对此并不感兴趣。IGG第一次归国之旅宣告失败。

2014年，IGG找到“无所不能”的腾讯作代理商。这一次，IGG明显沉着冷静了许多，准备再次打入国内市场的这款游戏在海外多个市场表现抢眼——是进入上百个国家和地区AppStore畅销榜TOP10的

《城堡争霸》。2014 年 5 月，《城堡争霸》降临中国市场，在同一类型游戏产品中暂时没有遇到强有力的竞争者。在腾讯的推广下，《城堡争霸》的反响明显比上一次要强烈许多，但最好的成绩也只是位列中国 AppStore 畅销榜的第 10 名。腾讯作为代理商，其营销渠道很广、受众面很大，据不完全统计，在推出《城堡争霸》的同时，腾讯其他上线的多款微信游戏产品均登顶过 AppStore 畅销榜的榜首，因此，《城堡争霸》的成绩远远落后于同时上线的其他游戏。不久，《城堡争霸》便开始走下坡路，一年之后跌落中国 AppStore 畅销榜 TOP100 之外，目前徘徊在 TOP500 左右。《城堡争霸》作为 IGG 的明星产品，在海外市场一直有稳定且高收益的绩效，但在国内却没有取得好的成绩，归根结底还是 IGG 对国内市场的本地化运营和开发做得不够好，第二次“滑铁卢”不期而遇。

2016 年，IGG 的多年归国之路终于有了令人欣慰的成绩。前两次的归国之旅可谓是曲折不断，第一次凭借三国研发团队耗时三年重金联合打造的游戏产品在国内无人问津，第二次将公司的全球爆款游戏产品与腾讯联袂推广也没掀起多少波澜。IGG 本可以安心做如鱼得水的海外市场，远离国内游戏市场这一“是非之地”，可中国巨大的市场潜力依然牵动着 IGG 的每根神经。2016 年，IGG 带着《王国纪元》重返中国游戏市场，该游戏的中英版上线时间仅差一天，在多渠道的营销推广下，这款游戏主打的全球同服的理念能否打动中国玩家呢？难度之大可想而知，首先，东西方文化差异巨大，游戏内容不一定能吸引中国玩家；其次，中国地区暂时没有相应的服务器支持，存在游戏进度的速度差；最后，也是最重要的一点就是，IGG 对中国游戏市场的运营和管理经验十分欠缺。然而这一次，《王国纪元》不负众望，从刚上市时的中国 AppStore 畅销榜 TOP100 左右不断刷新纪录一直升至前 20 名，是作为 SLG 手游（Simulation Game，模拟游戏）在国内市场的最佳成绩。《王国纪元》的强势表现终于使 IGG 名列中国游戏公司的前茅。

5.2.3 从数据看 IGG 高增长历程

IGG 互联网游戏公司自上市以来，其营业收入呈现一种高速增长的态势，2013年、2014年IGG营业收入的增长率高达103.89%、132.55%，在2015年保持稳定后，在2016—2017年继续保持增长势头，并且增长率不断提高，2017年IGG的营业收入达到6亿多美元，同比增长88.54%。具体数据参见表5-2，趋势图如图5-2所示。

表5-2　　IGG公司营业收入

时间	2012	2013	2014	2015	2016	2017
营业收入（千美元）	43 154	87 986	204 612	202 546	322 087	607 253
增长率		103.89%	132.55%	-1.01%	59.02%	88.54%

数据来源：IGG公司年报。

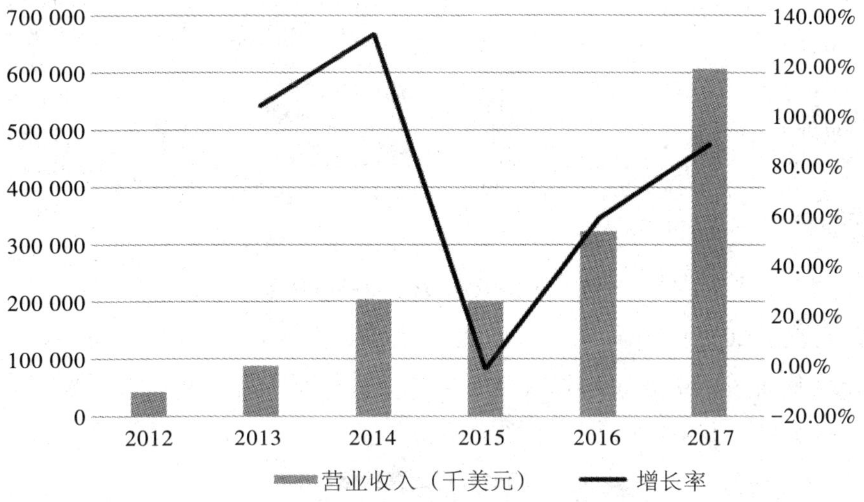

图5-2　IGG营业收入增长趋势图

我们再了解一下IGG互联网游戏公司的净利润增长趋势。2013年，IGG净利润仅为694万美元；仅仅一年后，2014年的净利润达到6 639万美元，同比增长率高达855.56%；2015年的净利润下降，不及2014年，增长率为-37.87%；经过调整，IGG在2016年、2017年的净利润继续保持增长趋势，同比前一年增长率分别为73.64%、116.60%，2017年IGG净利润超过1.5亿美元。具体数据参见表5-3，趋势图如图5-3所示。

在运营数据方面，截止到2017年12月31日，IGG公司全球注册用户数达到4.8亿，月活跃用户数达到1 800万，占注册用户数的比例为3.75%。具体数据参见表5-4，趋势图如图5-4所示。从图5-4中可

表 5-3 **IGG 公司净利润**

时间	2013	2014	2015	2016	2017
净利润（千美元）	6 948	66 392	41 248	71 623	155 132
增长率		855.56%	−37.87%	73.64%	116.60%

数据来源：IGG 公司年报。

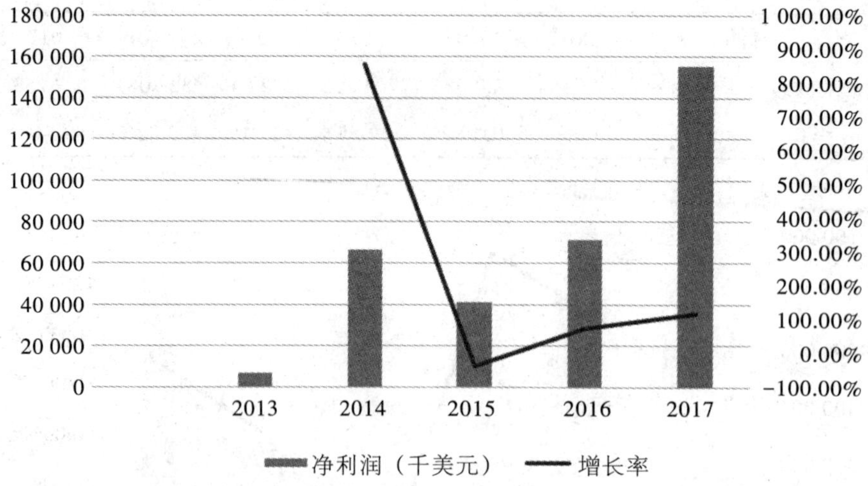

图 5-3 IGG 净利润增长趋势图

以看出，2013—2014 年月活跃用户数增长率保持在 28% 左右，因其爆款游戏《城堡争霸》和《领主之战 2》上线，之后 IGG 月活跃用户数在 1 450 万与 1 900 万之间徘徊。

表 5-4 **IGG 公司运营数据**

时间	MAU（亿）	增长率
2013	0.131	
2014H1	0.167	27.48%
2014	0.217	29.94%
2015H1	0.173	−20.28%
2015	0.18	4.05%
2016H1	0.186	3.33%
2016	0.17	−8.60%
2017H1	0.145	−14.71%
2017	0.18	24.14%

数据来源：IGG 公司年报。

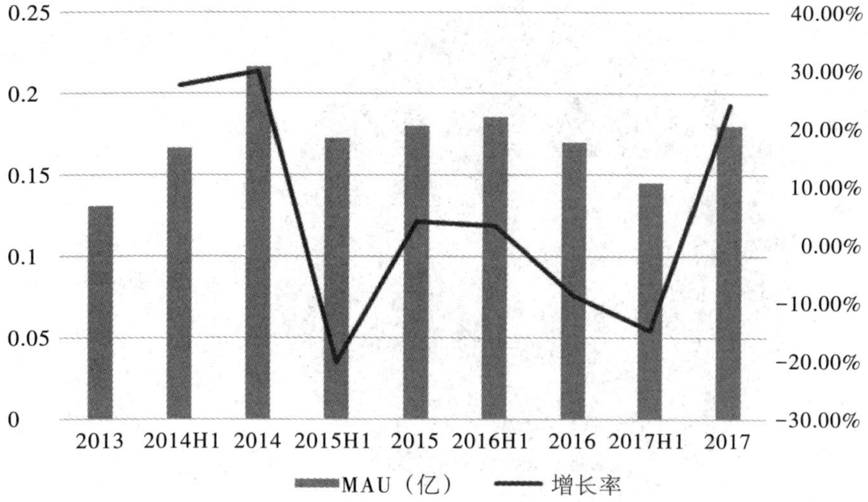

图 5-4 IGG 月活跃用户数增长趋势图

5.3 专注的开拓者？IGG 的业务特点

IGG 公司 2017 年年报数据披露，从 IGG 公司的业务分布（如图 5-5 所示）中可以清楚地了解 IGG 互联网游戏公司的主营业务是网络游戏，占比高达 99.95%；而其他业务的收入仅有 201 万美元，占比很小，只有 0.05%，所以 IGG 集团可以看作是一个专做互联网游戏开发与运营的公司。

自 2013 年起，IGG 集团以手机游戏市场作为自身投资战略的重心，因此，下面针对 IGG 公司的特点，我们主要介绍 IGG 的手机端游戏。

目前，IGG 自主研发的《王国纪元》和《城堡争霸》两款游戏在市场上反响剧烈，深受广大用户的喜爱，取得了较大的成功。这两款游戏取得的优异成绩，加上其他网络游戏的稳健表现，使 IGG 公司 2017 年上半年的收益达到 27 350 万美元，IGG 集团的收益同比增长一倍左右，再创新高。

《城堡争霸》在 2013 年推出，是比《王国纪元》上线更早的节奏明快的城堡防御类游戏，这类游戏从字面意思理解是建筑自己的城堡来防范和抵御敌方的入侵。该游戏上线运营的 4 年中，积累注册用户高达 2

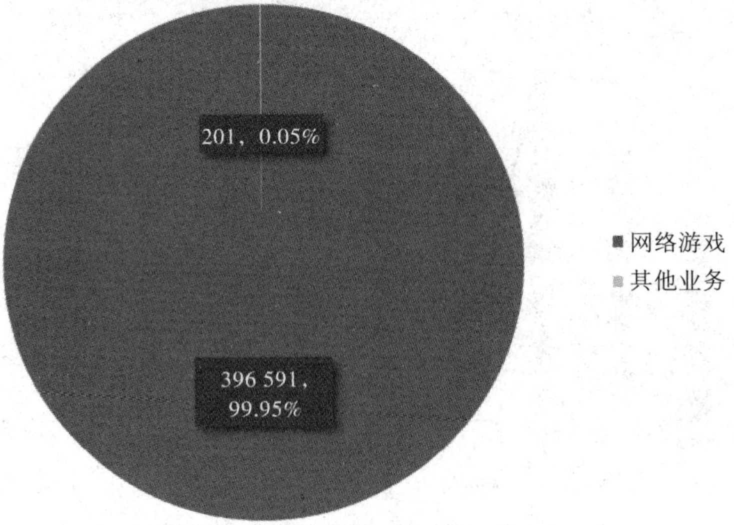

图 5-5 IGG 业务分布（单位：万美元）

数据来源：Wind 数据库。

亿。IGG 通过定期添加游戏新玩法，持续为玩家带来新的视觉感受和不一样的操作体验，以及提供较好的客服服务和创建全球大型玩家社区等方式，使得《城堡争霸》成为 IGG 公司的力作之一。除此之外，目前 IGG 研发的游戏产品还包括休闲娱乐类、战争策略类等，如《领主之战》和沙盘类游戏《TUG》。

2016 年 3 月，《王国纪元》这款即时战争策略游戏正式上线。即时战争策略游戏是指在游戏开始后，玩家通过即时操作与管理游戏中的人或事物，或者通过多个玩家合作抗敌的手段来实现游戏所要求的目标，以取得各种形式的胜利的游戏。《王国纪元》作为魔幻风格的 SLG（模拟游戏）游戏，其场景和角色具有 3D 立体效果，同时集中了内政、战争、冒险三大元素而具有多种玩法，玩家可根据试玩体验来选择适合自己游戏角色发展的玩法。另外，该游戏是全球共服游戏，支持英文、简体中文、繁体中文、德文、法语等多国语言包，从而加强了玩家之间交流体验的效果；该游戏还具备联盟系统，即玩家之间不仅可以相互帮助，例如运输资源、派兵支援，而且可以进行联合狩猎、进攻与抢夺敌方玩家。良好的游戏特性和游戏体验，不仅吸引了数量庞大的高付费玩家，而且使得《王国纪元》获得了国际大奖，2016年12月在73个国家获得Google Play 2016年度“最佳对战游戏”，2017年4月在全球海量游戏中脱颖而出入围2017年“最佳多人游戏”提名。据App Annie统计，《王国纪元》在21个国家及地区位居前5名，并在60多个国家及地区名列前10名，2017年6月在iOS和Google Play平台月流水排名中位居第20名。

从IGG的发展之路我们可以看出《王国纪元》的表现十分亮眼，对IGG成功跻身中国游戏公司前列做出了不可磨灭的贡献，因此，接下来主要分析《王国纪元》能够创造优异绩效的原因，以及与其他游戏产品有何不同之处。IGG第三次推出的SLG（策略游戏）巨作——《王国纪元》——不同于前两次的产品推广，这一次IGG根据自身优势并结合国内游戏市场进行精准营销，形成一套独特的营销体系，成功拿下了中国SLG（策略游戏）市场，并在一定程度上对中国SLG市场未来的发展产生重要影响。

首先，从SLG游戏推广的角度看，传统的营销手段是基于产品为主、买量为辅、把控运营并加上中国特色文化就能将SLG游戏产品在中国市场上全面铺开，IGG对此做法进行了改革。为了保持全球同服的理念不变，IGG特意不考虑中国SLG游戏最爱的三国IP（游戏素材的版权）背景，同时鉴于当时买量的成本居高不下的情形，将其重点放在营销上。IGG为《王国纪元》投入大量资金专门设计了中国市场版的TVC（电视商业广告），并将其投放到地铁传媒电视、手机应用软件等，该TVC设计不仅满足SLG资深玩家的期待，而且是针对游戏内容的背景来刻画整个游戏的画风。

其次，从产品本身出发，IGG作为资深游戏开发公司，只有重点围绕主题、高频和亮点三个方面来做爆款游戏，才能被市场认可、被玩家喜爱。对于游戏主题的设计离不开“策略战争”这四个字。高频主要体现在玩家能够长期上线，通过分析当今做得比较好的SLG游戏的共性不难发现主要有几个元素：卡牌收集、基地建造、联盟战斗，即通过卡牌收集抓住玩家的初入体验，收集资源发展基地维持玩家的每日体验，结合社交实现多人联合战斗丰富玩家体验；完成前面两点只是SLG产品最基本的要求，亮点才是霸占市场流量的关键点。亮点是玩家玩游戏的初衷，初衷就是玩游戏要过瘾，使玩家的情绪在游戏中能得以缓解和发泄。对于基于策略的SLG而言，其核心是玩家之间的对抗和竞争，通过制定战争策略成功击败对手才能带来满足感和自豪感，而玩家在实际生活中是很难获得这些满足感和自豪感的。因此，亮点就是如何抓住玩家的攻击欲望、不服情绪，最后让玩家得以释放这种欲望和情绪。《王国纪元》做到了以上三点，例如，可以让玩家体验当玩家的国家在受到侵犯时，化身国家领导人实施策略来打击外国人；当玩家能力不足时，可以体验联合其他玩家进行50V50、50V100所带来的刺激感，所以TVC中的很多画面都是在诠释这些理念和亮点。除此之外，《王国纪元》作为策略性游戏十分重视对战中的社交属性，通过全球同服的方式告诉玩家可以与外国人进行PK，玩家自身能力不足也可以“抱大腿”，联合本国队友一同抗击外敌。

截止到2018年4月27日17点，《王国纪元》的“中国，专治不服”话题在微博上的阅读量超过8 074万。《王国纪元》在全球超过100个国家和地区上线，随后成为横扫海内外榜单的爆款游戏，在11个国家和地区的App Store畅销榜中名列第一，在多达49个国家和地区进入前十。除此之外，《王国纪元》在Google Play上同样取得了优异成绩，在8个国家的畅销榜中夺取桂冠，在62个国家的畅销榜中进入了前十。IGG作为在海外市场驰骋多年的游戏公司，将《王国纪元》这款游戏产品做成了全球同服的爆款游戏，本地玩家PK世界玩家的游戏模式具有巨大的优势，在国内取得如此优异的成绩也不足为奇了。

在游戏营销模式方面，IGG集团主要通过邀请明星代言或是不同国家和地区的高人气网红来宣传造势，邀请国际专业团队对游戏宣传片和广告进行设计，邀请著名音乐制作人专属配乐，同时还举办国际性的赛事来加强宣传力度等。在IGG成立11周年之际，该集团设立了周边事业部来不断巩固用户忠诚度及扩张市场份额。周边事业部的主要工作是将IGG历年来的经典之作作为样本，为客户设计一系列周边产品，目前还开始着手开发定位服务及虚拟现实等应用技术。

综合来看，IGG是一家专做互联网游戏且以手机游戏市场为主的公司，其中即时战争策略游戏《王国纪元》、城堡防御类游戏《城堡争霸》是该公司的代表作。IGG公司以全球化研发作为核心竞争力在多个国家和地区设置分支机构，通过多样化的营销策略来宣传游戏产品和拓宽市场，通过设立周边事业部来巩固用户忠诚度。

5.4 剩余收益模型估值

我们基于剩余收益模型对IGG公司进行估值。

第一步，我们使用CAPM模型计算资本成本 r_E：

$r_E = r_f + \beta \times (r_M - r_f)$

其中：r_f 为无风险利率；r_M 为市场收益率。

这里的无风险利率 r_f 用香港一年期存款利率（人民币存款）来计算，即 r_f=1.5%；β值为1.3061（其中标的指数为恒生指数，以周为计算周期，时间范围选取2013年6月4日—2018年6月3日，收益率计算方法为对数收益率，不剔除财务杠杆得到的β用来衡量IGG在港股市场系统性风险的大小）。因为公司上市五年，因此采用五年恒生股指平均收益率计算市场收益率 r_M=6.67%。根据CAPM模型计算得到 r_E 为8.25%，即IGG的资本成本为8.25%。[①]

第二步，我们从Wind数据库获得IGG的每股盈余（Earnings Per Share，EPS）和每股分红（Dividents Per Share，DPS）的预测数据，见表5-5中2018—2020年的EPS和DPS数据。根据EPS数据、DPS数据和前一年的每股账面价值（Bookvalue Per Share，BPS）数据，就可以推算出每一年的BPS数据。推算公式如下：

$BPS_t = BPS_{t-1} + EPS_t - DPS_t$

每期计算结果见表5-5第五行。

第三步，计算普通股股东权益收益率（Return on Common Equity，ROCE）。计算公式如下：

$ROCE_t = EPS_t / BPS_{t-1}$

每期计算结果见表5-5第六行。

---

① 数据来源于Wind数据库。

表 5-5 **剩余收益估值模型** 金额单位：美元

按剩余收益定价					
预测年份	2016A	2017A	2018E	2019E	2020E
EPS	0.05	0.12	0.17	0.18	0.19
DPS		0.07	0.07	0.08	0.11
BPS	0.17	0.19	0.29	0.39	0.47
ROCE			89.5%	62.1%	48.7%
RE			0.154	0.156	0.158
折现因子			1.082	1.172	1.268
RE 现值			0.143	0.133	0.124
RE 总现值		0.4			
持续价值					2.199
持续价值现值		1.734			
每股价值		2.324			

注：单位均为美元，折算比例为 1 美元等于 7.85 港元。

第四步，计算 2018—2020 年的剩余收益（Residual Earnings，RE）。计算公式如下：

$$RE_t=(ROCE_t-r_E)\times BPS_{t-1}$$

每期计算结果见表 5-5 第七行。

第五步，将未来的剩余收益用折现因子折现，计算出 2018—2020 年的 RE 现值，并加总得到 2018—2020 年的 RE 总现值。计算公式为：

$$RE现值_t=\frac{RE_t}{折现因子}$$

计算结果为 0.4。

第六步，计算 2021 年及之后持续期剩余收益在 2020 年的价值。假设从 2020 年起，IGG 的剩余收益保持 1% 的速度持续稳定增长（g=1%），计算公式为：

$$持续价值 = RE_{2020} \times \frac{1+g}{r_E - g}$$

计算结果为 2.199。

第七步，将 2020 年得到的持续价值折现到 2017 年，结果为 1.734。

第八步，将 2017 年的 BPS、2018—2020 年的剩余收益现值、2021 年及以后的持续剩余收益的现值加总得到 IGG 在 2017 年的估值为 2.324 美元/股。

由于资本成本和剩余收益未来增长率是影响估值结果的重要因素，对此做进一步的敏感性分析，见表 5-6。表 5-6 中第一行代表不同的永续增长率，第一列代表资本成本的变化。2017 年 12 月 29 日，IGG 的股价是 8.35 港元/股，折算成美元为 1.06 美元/股。结合表 5-6 的敏感性分析可知，利用剩余收益法，得到 IGG 的估值基本是高于股价的，市场存在低估。

表 5-6　　敏感性分析

敏感性分析	g=1%	g=2%	g=3%	g=4%	g=5%
r+1.5%	1.90	2.08	2.32	2.65	3.11
r+1%	2.02	2.24	2.52	2.91	3.49
r+0.5%	2.16	2.41	2.75	3.24	3.97
r	2.32	2.62	3.03	3.63	4.61
r−0.5%	2.51	2.86	3.37	4.14	5.47
r−1%	2.72	3.15	3.78	4.80	6.72
r−1.5%	2.97	3.50	4.31	5.70	8.68

5.5 梅特卡夫定律的应用

5.5.1 基于梅特卡夫定律的估值方法分析

梅特卡夫认为，在互联网行业中互联网公司的网络价值与该公司的用户数相关，即网络价值的大小与网络用户数的平方有显著正相关关系。每当网络用户数增加一个，网络价值便成幂函数增长，因此，互联网经济规模的扩大速度便会随着用户数的增长而快速提高，可以说互联网经济的市场规模与用户数密切相关。按照梅特卡夫定律，如果一种互联网终端或产品有很少的用户使用，那么该互联网终端或产品的价值可忽略不计；如果互联网产品或终端拥有庞大的用户数量，用户数一旦达到一个基准数便会极大提高其市场价值。同时，该定律也说明了互联网产品、服务终端或产品服务效应的递增性，网络用户数的成倍增长会给互联网企业的市场价值与互联网市场规模带来爆发式增加和扩大。例如，很多互联网企业在创业之初都会通过借贷或风投来募集资金，然后为产品或服务对象提供优质、优惠的活动，以此来吸引用户的关注与试用体验，最具代表性的互联网企业如外卖订餐平台饿了么、用车平台滴滴打车等。除此之外，为了争夺用户，规模庞大的互联网企业通过并购或投资其他互联网企业使用户数快速增加，从而实现本公司市场价值的提升，如阿里巴巴公司为 ofo 小黄车公司提供资本金，实施支付宝与小黄车相结合的付费用车模式，最终实现 ofo 公司的用户转换成阿里巴巴公司的用户，从而提升了投资公司的价值。

5.5.2 应用梅特卡夫定律对 IGG 估值

首先，考察 IGG 公司的市场价值与其用户数之间的关系。用户数以月活跃用户数（MAU）来表示，即反映用户对该产品或服务的黏性，我们通过 2013—2017 年 IGG 公司的公告来收集公告当期的 MAU 数据。企业价值以该企业在当期最后一天的股价均值表示，因为没有 2013 年 9 月的股价数据，除 2013 年第三季度采用 10 月 18 日当天均值外，具体数据见表 5-7。

其次，对所收集的 2013—2017 年的股价与 MAU^2 做回归检验，检验用户数 MAU^2 与互联网价值 V 之间是否存在显著正相关关系。为了保证数据回归的稳定性，对时间序列做了处理，只保留了半年报和年报的数据，见表 5-8。

通过 EViews、SPSS 数据统计软件做回归检验，其结果见表 5-9。

表 5-7 **梅特卡夫定律估值法 IGG 相关数据**

时间	股价均值（港元/股）	MAU（亿）	MAU^2
2017	8.35	0.18	0.032400
2017H1	11.61	0.145	0.021025
2016	4.92	0.17	0.028900
2016H1	3.14	0.186	0.034596
2015	3.10	0.18	0.032400
2015H1	4.93	0.173	0.029929
2015Q1	4.08	0.207	0.042849
2014	2.36	0.217	0.047089
2014Q3	2.94	0.197	0.038809
2014H1	4.02	0.167	0.027889
2014Q1	5.89	0.145	0.021025
2013	3.96	0.131	0.017161
2013Q3	2.93	0.093	0.008649

数据来源：IGG 公司公告、Wind 数据库。

表 5-8 **梅特卡夫定律估值法 IGG 相关数据**

时间	股价均值（港元/股）	MAU（亿）	MAU^2
2017	8.35	0.18	0.032400
2017H1	11.61	0.145	0.021025
2016	4.92	0.17	0.028900
2016H1	3.14	0.186	0.034596
2015	3.10	0.18	0.032400
2015H1	4.93	0.173	0.029929
2014	2.36	0.217	0.047089
2014H1	4.02	0.167	0.027889
2013	3.96	0.131	0.017161

表 5-9 **回归检验结果**

变量	系数	P值	t值
MAU^2	181.620	0.0060	3.704
R^2		0.632	
调整 R^2		0.586	

从检验结果来看，回归方程拟合程度较好，R^2为 0.632。另外，通过 t 值及 P 值两个输出结果可以看出，MAU^2可以显著解释与 IGG 的股价年均值有正相关关系，由统计结果可以得出拟合回归方程：

$V=181.620MAU^2$

通过上式得出，在纯游戏开发与运营的互联网公司中，使用网络游戏产品和服务的用户数的平方与游戏网络公司的互联网价值之间的相关系数可以认定为 181.620，即梅特卡夫定律公式 $V=aN^2$ 中 a=181.620，同时还可以应用于其他游戏互联网公司中。若游戏互联网公司除了主营游戏业务以外，还存在其他业务，那么游戏业务板块的估值模型符合梅特卡夫定律，其中使用网络游戏产品和服务的用户数与游戏网络公司的互联网价值之间的系数 a 取上式所得结果；在其他业务板块即没有涉及互联网游戏的业务板块，则采用剩余收益模型对该板块进行估值。

为了保证拟合效果的最优性，本书还将股价取公告当日的均价来进行回归检验。因为公司公告里的用户数据在公开后是否在一定程度上对股价有影响，暂时无法定论，但是如果股价在取报告期和公告日两种不同数据与用户数据进行回归检验所得结果不同，则可以依据 R^2值的大小来进行判断。若取报告期股价回归结果中的 R^2值比公告日股价回归结果中的 R^2大，则表明前者拟合效果更佳，选择前者回归方程；反之亦然。公告当日的股价均值与 MAU^2数据见表 5-10。

通过 EViews、SPSS 数据统计软件做回归检验，其结果见表 5-11。

从检验结果来看，回归方程拟合程度较好，R^2为 0.627。另外，通过 t 值及 P 值两个输出结果同样可以看出，MAU^2可以显著解释与 IGG 的股价年均值有正相关关系，由统计结果可以得出拟合回归方程：

表 5-10　　**梅特卡夫定律估值法 IGG 相关数据**

时间	股价均值（港元/股）	MAU（亿）	MAU^2
2017	10.76	0.18	0.032400
2017H1	11.91	0.145	0.021025
2016	9.96	0.17	0.028900
2016H1	4.51	0.186	0.034596
2015	3.19	0.18	0.032400
2015H1	2.57	0.173	0.029929
2014	3.09	0.217	0.047089
2014H1	4.31	0.167	0.027889
2013	5.94	0.131	0.017161

数据来源：IGG 公司公告、Wind 数据库。

表 5-11　　**回归检验结果**

变量	系数	P值	t值
MAU^2	148.9484	0.0063	3.667
R^2		0.627	
调整 R^2		0.580	

$V=148.9484MAU^2$

与上一组回归检验结果相比相差无几。为了科学的严谨性，本书选取更好的拟合效果，即 R^2 最大、P 值最小的回归结果来建立回归方程，因此选择前一组回归方程：

$V=181.620MAU^2$

IGG 公司公告最新的数据显示，IGG 三个爆款游戏产品截至 2018 年 2 月 28 日月活跃用户数分别是：《王国纪元》为 1 200 万、《城堡争霸》为 620 万、《领主之战 2》为 71 万。因此，将三款游戏月活跃用户数进行加总作为 IGG 公司总的月活跃用户数，即 1 891 万人次，MAU^2

等于 0.035759，由上述回归方程可知：

V=181.620×0.035759

得到估值为 6.49 港元/股。需要注意的是，这里我们只考虑三款游戏的用户，因此计算出的 6.49 港元/股可以看作是 IGG 最保守的一个估值。

5.6 案例小结

IGG 互联网游戏公司主要在国际市场上从事手机游戏开发及运营，其游戏业务面向全球并拥有数量众多的国际用户，目前累计注册用户数超过 4.8 亿人次。IGG 公司从 2013 年起将集团的总体战略目标变更为以手机游戏开发为主、以移动端市场为主市场。通过 4 年的经验积累，其游戏产品以 20 种不同语言版本在全球发行。该集团总部设在新加坡，并在中国、美国、加拿大等国家都设立了分支机构，用户玩家遍布全球 200 多个国家和地区，目前 IGG 不仅与 Apple、Google、Amazon 和 Microsoft 等平台长期密切合作，而且与数百家广告商和供应商建立了长期伙伴关系，此举进一步加强该集团在全球市场上的竞争优势。IGG 公司 2017 年年报数据披露，IGG 目前的主要业务是网络游戏，占比高达 99.95%，其他业务的收入仅有 201 万美元，占比很小，只有 0.05 %。因此，IGG 集团可以看作是一个专做互联网游戏开发与运营的公司，其中 2013 年 7 月上线的《城堡争霸》和 2016 年 3 月上线的《王国纪元》两款游戏一直有着不错的业绩，2017 年营业收入和净利润创历史新高，月活跃用户数保持稳定。

IGG 经历了从代理到自研、从端游到页游再到手游的转型之路，把握住了市场脉搏，并顺应了全球游戏行业的发展变化。创业之初，迫于当时各大游戏公司接连在国内上市的压力，IGG 选择了海外发展之路；然后经历了漫长曲折的回国路，IGG 第三次终于凭借《王国纪元》这款游戏打开中国游戏市场。

我们采用剩余收益法和梅特卡夫定律估值法对 IGG 进行价值评估。剩余收益法计算出的结果是每股价值为 2.324 美元。2017 年 12 月 29 日

IGG 的股价是 8.35 港元/股，折算成美元为 1.06 美元/股，说明市场存在低估。

依据梅特卡法定律，利用 IGG2018 年 2 月 28 日的用户数据进行估值得到的结果是 6.49 港元/股，这可以看作是 IGG 最保守的估值。

下篇

A 股上市互联网公司估值案例

——基于 ValueGo 估值机器人的分析

ValueGo 的前世今生

10 年前，我开始教授“财报报表分析与证券定价”这门课，后来许多学生告诉我，这是他们认为最有用的一门课，但 7 年前连我自己都不觉得这门课有用。

7 年前我改变了授课方法，将全部由我讲变成了部分由学生来讲。我给学生布置了一个任务：根据我所讲授的内容去挑选公司，并分析这家公司的优劣势和内在价值。

经过 7 年的观察，我发现学生根据这种方法挑选出来的公司大多都是非常好的公司，如果买入这些公司，超越指数获得收益是很容易的一件事。

于是，我开始根据学生推荐的公司来挑选股票。没想到，挑选出的股票都非常好，我也获得了不菲的收益，比如格力电器、华夏幸福、中国平安、牧原股份、万华化学等都是当时学生挑选出来的极为优质的标的。

对这种方法上瘾之后，我非常想将所有的上市公司都研究一遍。但无奈事务繁忙，心有余而力不足。我想到了请人来帮我研究，但我计算了一下，按每家公司的研究至少需要花 50 小时/人来计算，研究完 2 500 家公司的基本信息约需要 12.5 万小时。12.5 万小时≈34 年×300 天×12 小时。能达到这种能力的人（实际上不存在这种人）每小时的薪酬假设为 500 元（太低了），则请这个人需要花 6 250 万元。看起来，这笔费用太高了。

为了节省这笔高昂的研究费用，我和我的合伙人决定自己研发估值机器人，我们希望能将 12.5 万小时的研究时间缩短。最初，我们也不知道我们能将这个时间缩短到什么程度。经过无数次讨论、昼夜研究，测试了无数的版本后，我们的第一代 ValueGo 估值机器人终于研制成功。截至目前，借助云计算和大数据，我们能将这个时间缩短为 18 小时。我们仍在努力，我们觉得效率还不够高，希望能更快！因为你在睡觉的时候，机器人还在研究！

我们的第一代 ValueGo 估值机器人能告诉投资者 3 000 多家上市公司的优劣势和内在价值，帮助投资者快速有效地学习价值投资理念和方法。

我们认为价值投资的三个关键要素分别是：第一，挑选到好公司；第二，低估值（即股价低于估值）；第三，找到足够的安全边际（即低于最保守的估值30%以上）。

本篇的内容都是基于ValueGo估值机器人撰写的报告完成。报告主体由三部分组成：第一部分介绍这家公司是干什么的；第二部分从产品、管理、增长、产业链地位、资本支出五个维度[①]来辨识一家公司的优劣势（可用于挑选好公司）；第三部分是用剩余收益模型对公司进行估值（用于判断是否被低估及找到安全边际）。

① 为什么是这五个维度？可参见附录二。

第 6 章　巨人网络：聚焦精品游戏

6.1　公司简介

巨人网络集团股份有限公司成立于 2004 年 11 月 18 日，其前身为上海征途网络科技有限公司，是一家以网络端游戏为发展起点，业务涵盖研发、运营、销售的互动娱乐公司。公司于 2007 年 11 月 1 日在美国纽约证券交易所上市，成为在美国发行规模最大的中国民营企业。2016 年 4 月 7 日，巨人网络通过资产重组整体注入重庆新世纪游轮股份有限公司，回归 A 股，股票代码 002558.SZ。

巨人网络 2017 年年报披露，公司主营业务收入结构如图 6-1 所示，其中游戏相关业务是公司目前营业收入的主要来源，达到 25.87 亿元，占比为 88.96%。巨人网络致力于打造民族精品网游，为中国网络娱乐产业的发展做出了积极贡献。巨人网络自主研发了《征途》《江湖》《仙侠世界》《球球大作战》等几十款热门端游和手游，其中《征途》在 2008 年曾创下最高 210 万玩家同时在线的历史纪录，《球球大作战》的累计注册用户数已突破 4 亿。巨人网络利用优质 IP 所拥有的巨大市场影响力，对既有作品进行移动化价值的深度挖掘，在网络游戏的自主研发领域处于行业前列。

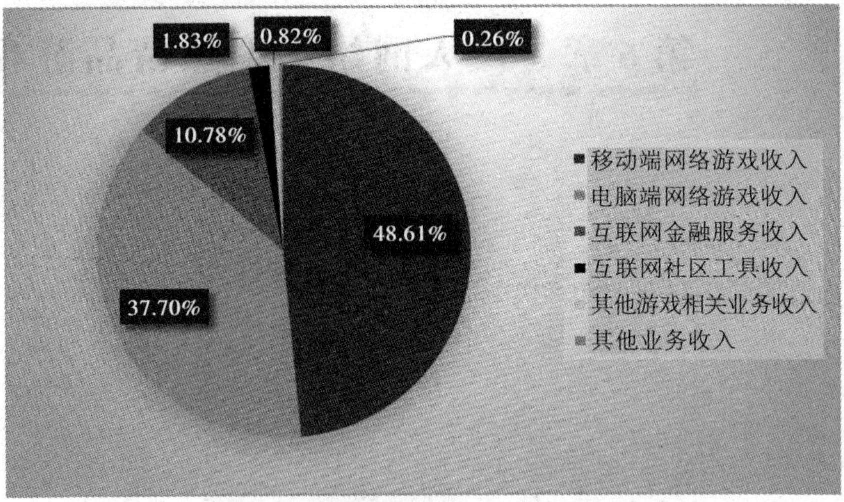

图 6-1 巨人网络主营业务收入构成

数据来源：巨人网络公司年报。

巨人网络未来将转型为以互联网娱乐、互联网金融和互联网医疗三大业务为核心的综合性互联网企业。互联网娱乐将坚持自主研发、聚焦精品、布局全球市场的发展战略。在互联网金融方面，巨人网络在 2017 年度完成了对旺金金融的收购，推进了其互联网金融科技板块业务的落地，2017 年的巨人网络年报显示，互联网金融服务收入已占全年营业收入的 10% 以上。在互联网医疗领域，巨人网络积极调整战略发展规划，不断寻找具备资质的优质合作伙伴，探索互联网医疗领域的发展机会。

6.2 公司特点

6.2.1 产品

如表 6-1 所示，巨人网络 2014—2017 年的毛利率分别为 76.08%

（2017 年）、82.20%（2016 年）、81.92%（2015 年）、16.67%（2014 年），分别在行业中排名第 2 位（2017 年）、第 1 位（2016 年）、第 1 位（2015 年）、第 24 位（2014 年），说明 2017 年公司的产品竞争力强，有一定的定价权（如图 6-2 所示）。

表 6-1　　公司产品竞争力分析

年份	2014年	2015年	2016年	2017年
毛利率	16.67%	81.92%	82.20%	76.08%
行业排名	24/29	1/29	1/29	2/29
季度	2017年Q2	2017年Q3	2017年Q4	2018年Q1
毛利率	81.98%	83.75%	60.72%	74.58%
行业排名	1/29	2/29	4/29	2/29

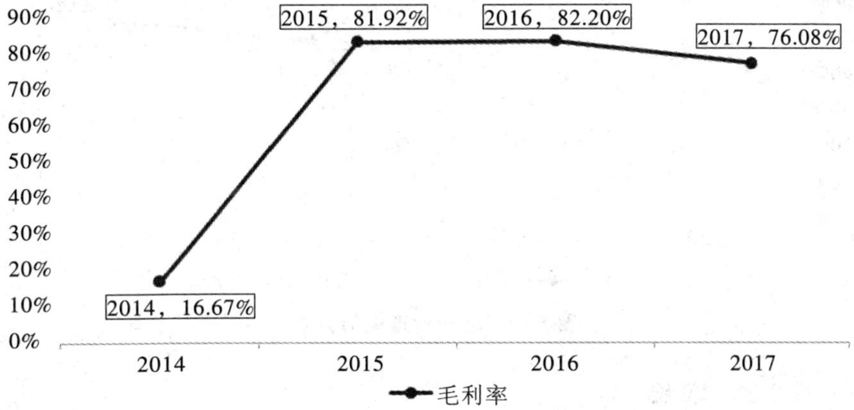

图 6-2　公司产品竞争力分析

6.2.2　管理

如表 6-2 所示，巨人网络 2014—2017 年销售费用和管理费用占毛利润的比重分别为 54.56%（2017 年）、49.08%（2016 年）、79.41%（2015 年）、83.62%（2014 年），在行业中排名第 6 位（2017 年）、第 3 位（2016 年）、第 18 位（2015 年）、第 24 位（2014 年），说明 2017 年公司的管理能力在该行业中表现不错（如图 6-3 所示）。

表 6-2 公司管理能力分析

年份	2014年	2015年	2016年	2017年
（销售费用+管理费用）/毛利润	83.62%	79.41%	49.08%	54.56%
行业排名	24/29	18/29	3/29	6/29
季度	2017年Q2	2017年Q3	2017年Q4	2018年Q1
（销售费用+管理费用）/毛利润	47.22%	59.33%	66.75%	57.27%
行业排名	4/29	15/29	17/29	8/29

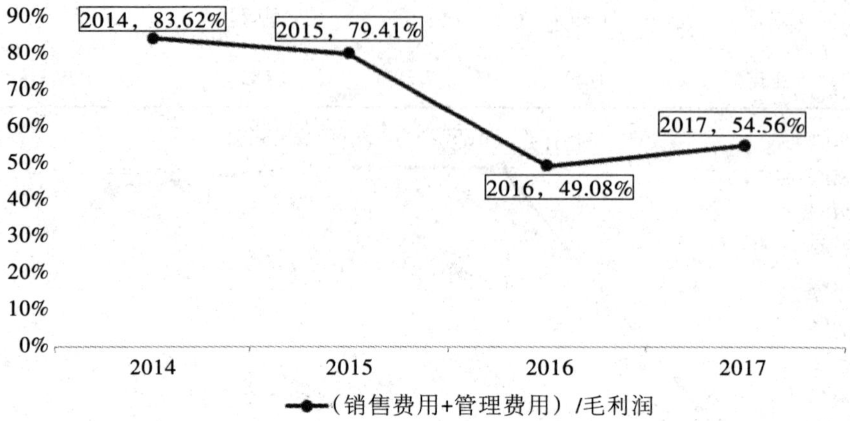

图 6-3 公司管理能力分析

6.2.3 增长

如表 6-3 所示，巨人网络 2015—2017 年的营业收入增长率分别为 25.43%（2017 年）、17.17%（2016 年）、283.72%（2015 年），在行业中排名第 13 位（2017 年）、第 15 位（2016 年）、第 1 位（2015 年），说明 2017 年公司的营收增长比行业快。巨人网络 2015—2017 年的基本每股收益分别为 0.64（2017 年）、0.68（2016 年）、-0.50（2015 年），增长率分别为-5.88%（2017 年）、-236%（2016 年）、-412.5%（2015 年），在行业中排名第 13 位（2017 年）、27 位（2016 年）、第 27 位

（2015 年），说明 2017 年公司的收益增长比行业快（如图 6-4 所示）。

表 6-3　　公司增长分析

年份	2015年	2016年	2017年
营业收入的增长（环比）	283.72%	17.17%	25.43%
行业排名	1/29	15/29	13/29
每股收益的增长（环比）	-412.50%	-236%	-5.88%
行业排名	27/29	27/29	13/29
季度	2017年Q2	2017年Q3	2017年Q4
营业收入的增长（同比）	7.91%	4.36%	30.99%
行业排名	20/28	21/29	10/29
每股收益的增长（同比）	-95.75%	-5.56%	-28.94%
行业排名	25/28	13/29	15/29

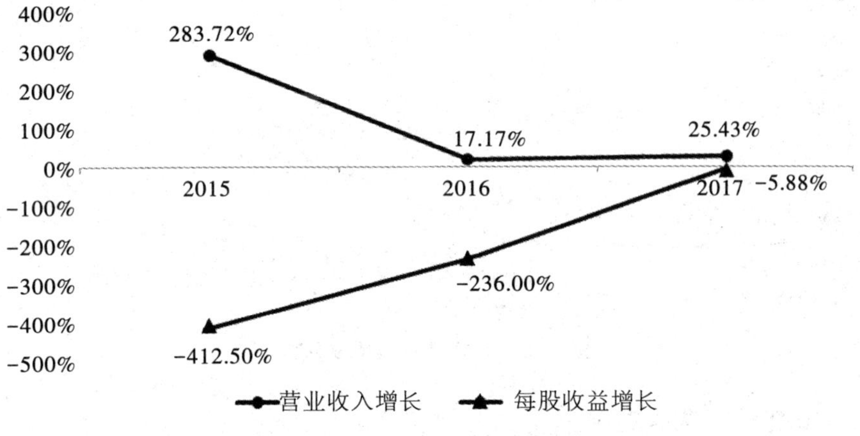

图 6-4　公司增长分析

6.2.4　产业链地位

如表 6-4 所示，巨人网络 2014—2017 年的应收账款占营业收入的比重分别为 40.21%（2017 年）、14.01%（2016 年）、2.65%（2015 年）、

1.95%（2014 年），在行业中排名第 23 位（2017 年）、第 11 位（2016 年）、第 2 位（2015 年）、第 2 位（2014 年），说明 2017 年公司在产业链中的地位很低（如图 6-5 所示）。

表 6-4 公司产业链地位分析

年份	2014 年	2015 年	2016 年	2017 年
应收账款/营业收入	1.95%	2.65%	14.01%	40.21%
行业排名	2/29	2/29	11/29	23/29
季度	2017 年 Q2	2017 年 Q3	2017 年 Q4	2018 年 Q1
应收账款/营业收入	26.26%	34.21%	136.36%	120.56%
行业排名	4/29	5/29	24/29	19/29

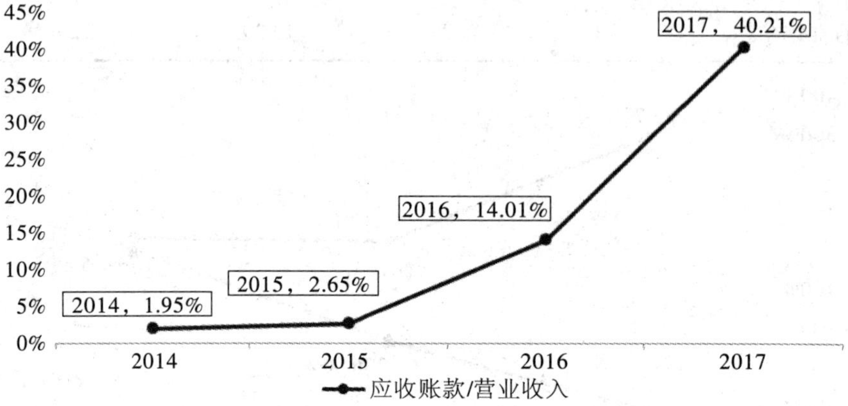

图 6-5 公司产业链地位分析

6.2.5 资本支出

如表 6-5 所示，巨人网络 2014—2017 年资本支出占归属净利润的比重分别为 13.80%（2017 年）、14.11%（2016 年）、61.89%（2015 年）、203.12%（2014 年），在行业中排名第 2 位（2017 年）、第 4 位（2016 年）、第 12 位（2015 年）、第 21 位（2014 年），说明 2017 年公司依赖资本支出保持竞争力的程度很低（如图 6-6 所示）。

表 6-5　**公司资本支出分析**

年份	2014 年	2015 年	2016 年	2017 年
资本支出/归属净利润	203.12%	61.89%	14.11%	13.80%
行业排名	21/29	12/29	4/29	2/29
季度	2017 年 Q2	2017 年 Q3	2017 年 Q4	2018 年 Q1
资本支出/归属净利润	5.59%	18.38	22.19%	6.13%
行业排名	4/29	9/29	3/29	3/29

图 6-6　公司资本支出分析

综上所述，巨人网络的产品竞争力强，有一定的定价权，公司的管理能力在该行业中表现不错，公司的营收增长比行业快，公司的收益增长比行业快，公司在产业链中的地位很低，公司依赖资本支出保持竞争力的程度很低（如图 6-7 所示）。

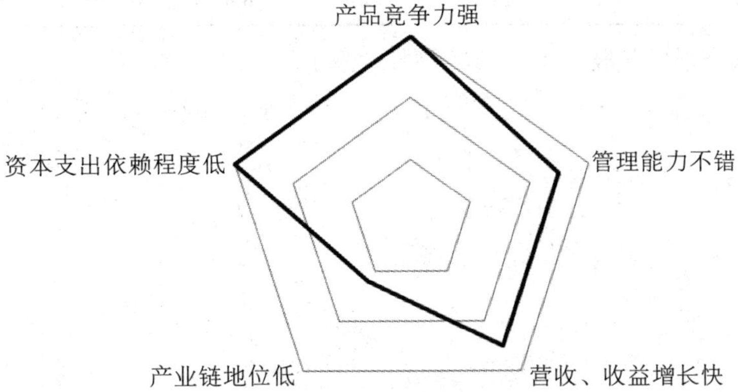

图 6-7　综合分析雷达图

6.3 公司估值

采用剩余收益模型对该公司进行估值。首先，运用 CAPM（资本资产定价模型）可以计算出该公司的资本成本。然后，基于该公司未来 3 年的 EPS（每股盈余）预测值和 DPS（每股分红）预测值即可计算出该公司的正常估值为 16.73 元/股。

考虑到资本成本和剩余收益未来增长率是影响估值的重要因素，根据两者的变化，我们做的敏感性分析见表 6-6。其中，r 是资本成本，代表股东投资所要求的收益率；g 是永续增长率，代表公司持续经营下剩余收益每年的增长率。

表 6-6 **估值敏感性分析**

敏感性分析	g=0%	g=1%	g=2%	g=3%	g=4%	g=5%
r+1.5%	11.03	12.1	13.58	15.78	19.37	26.28
r+1%	11.94	13.26	15.14	18.05	23.15	34.41
r+0.5%	13	14.64	17.07	21.04	28.69	49.55
r	14.25	16.32	19.53	25.16	37.58	87.72
r−0.5%	15.74	18.41	22.78	31.19	54.14	367.44
r−1%	17.55	21.07	27.24	40.86	95.87	−170.86
r−1.5%	19.8	24.57	33.78	58.89	401.69	−69.82

该公司目前股价为 22.26 元/股，高于机器人正常估值。

（此报告于 2018 年 8 月 17 日生成）

第7章　游族网络：瞄准大IP的游戏商

7.1　公司简介

游族网络股份有限公司于2009年成立，是全球领先的互动娱乐供应商。2014年6月，游族网络通过并购重组，借壳梅花伞业股份有限公司正式登陆A股主板，股票代码002174.SZ。

游族网络从网页网络游戏起家，转型为移动网络游戏与网页网络游戏共同发展的公司。游族网络2017年年报显示，游族网络总营业收入为32.36亿元，同比增长27.89%；其中移动网络游戏发展迅猛，营业收入达到23.01亿元，同比增长79.55%。如图7-1所示，在主营业务收入中，移动网络游戏占比71.12%，移动网络游戏和网页网络游戏占比超过99%。在网络游戏业务上，游族网络秉承“分享简单的快乐”的理念，努力提升玩家的游戏体验，在实践中拓展精品游戏的品类、持续打造优质IP储备、深化全球战略布局，取得了较好的经营成果和社会影响力。

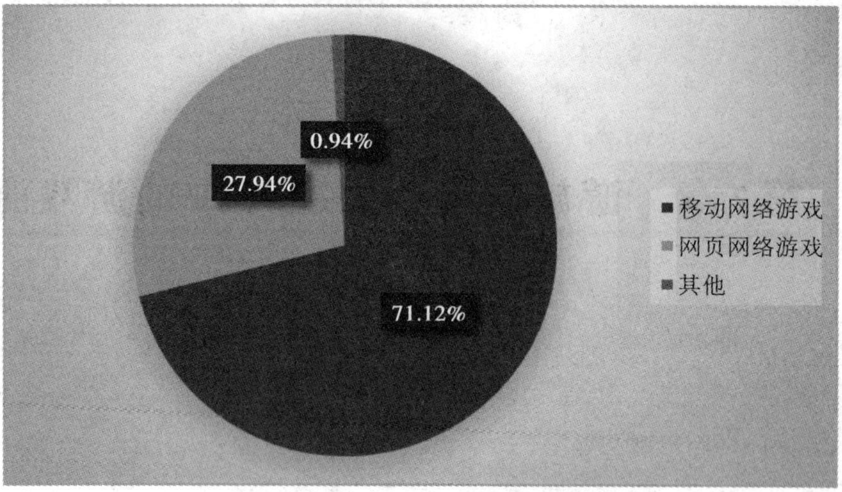

图 7-1 游族网络主营业务收入构成

数据来源：游族网络公司年报。

泛娱乐内容是泛娱乐产业的核心，而 IP 则是泛娱乐内容的核心。基于这一双核心理念，游族网络以内容驱动泛娱乐产业发展，确立了原创 IP 打造、引进 IP 并举的大 IP 战略。游族网络积极提升原创 IP 能力，已经打造出《少年三国志》《少年西游记》《女神联盟》系列的 IP 作品，形成了良好的用户积累，挖掘出原创 IP 的品牌效应。游族网络也在获取全球化 IP，已经吸纳储备了《三体》《盗墓笔记》《射雕英雄传》等经典 IP，在 2017 年获得全球顶级 IP《权力的游戏》的正版授权。游族网络的海外发展态势较好，公司 2017 年年报显示，公司海外收入已超过国内收入，总营收占比达到 60.83%，全球化优势显现。

7.2 公司特点

7.2.1 产品

如表 7-1 所示，游族网络 2014—2017 年的毛利率分别为 52.16%（2017 年）、47.43%（2016 年）、57.91%（2015 年）、69.67%（2014

年），分别在行业中排名第50位（2017年）、第65位（2016年）、第45位（2015年）、第31位（2014年），说明2017年公司的产品竞争力一般（如图7-2所示）。

表7-1　　公司产品竞争力分析

年份	2014年	2015年	2016年	2017年
毛利率	69.67%	57.91%	47.43%	52.16%
行业排名	31/160	45/160	65/160	50/160
季度	2017年Q2	2017年Q3	2017年Q4	2018年Q1
毛利率	81.98%	83.75%	60.72%	74.58%
行业排名	57/160	50/160	34/160	30/160

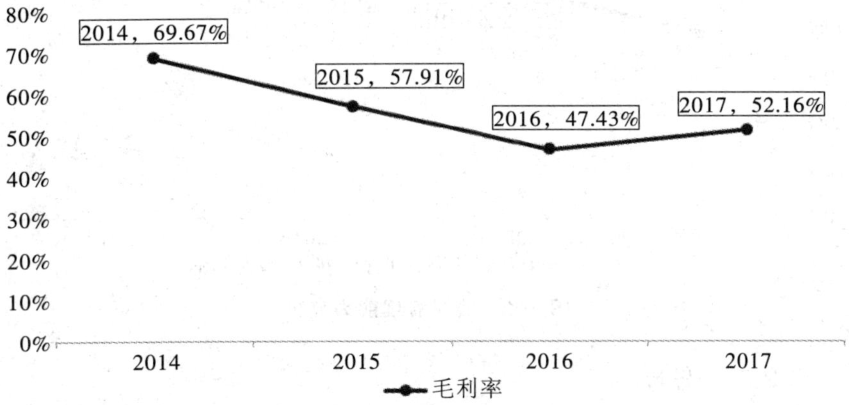

图7-2　公司产品竞争力分析

7.2.2　管理

如表7-2所示，游族网络2014—2017年销售费用和管理费用占毛利润的比重分别为57.63%（2017年）、52.00%（2016年）、49.10%（2015年）、39.18%（2014年），在行业中排名第45位（2017年）、第35位（2016年）、第29位（2015年）、第10位（2014年），说明2017年公司的管理能力在该行业中表现中等（如图7-3所示）。

表 7-2 公司管理能力分析

年份	2014年	2015年	2016年	2017年
（销售费用+管理费用）/毛利润	39.18%	49.10%	52.00%	57.63%
行业排名	10/160	29/160	35/160	45/160
季度	2017年Q2	2017年Q3	2017年Q4	2018年Q1
（销售费用+管理费用）/毛利润	52.02%	66.15%	63.56%	54.03%
行业排名	36/160	56/160	102/160	24/160

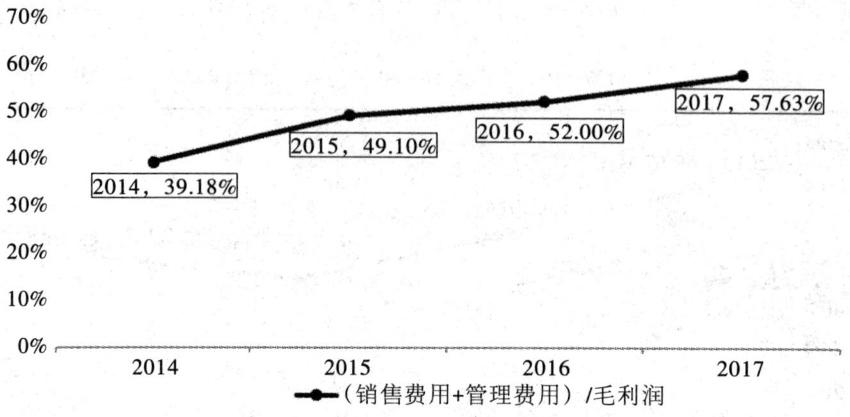

图 7-3 公司管理能力分析

7.2.3 增长

如表 7-3 所示，游族网络 2015—2017 年的营业收入增长率分别为 28.06%（2017 年）、65.36%（2016 年）、81.28%（2015 年），在行业中排名第 51 位（2017 年）、第 24 位（2016 年）、第 11 位（2015 年），说明 2017 年公司的营收增长比行业快。游族网络 2015—2017 年的基本每股收益分别为 0.76（2017 年）、0.68（2016 年）、1.86（2015 年），增长率分别为 11.76%（2017 年）、-63.44%（2016 年）、11.38%（2015 年），在行业中排名第 51 位（2017 年）、第 24 位（2016 年）、第 46 位（2015 年），说明 2017 年公司的收益增长比行业快（如图 7-4 所示）。

表 7-3 **公司增长分析**

年份	2015年	2016年	2017年
营业收入的增长（环比）	81.28%	65.36%	28.06%
行业排名	11/160	24/160	51/160
每股收益的增长（环比）	11.38%	-63.44%	11.76%
行业排名	46/160	24/160	51/160
季度	2017年Q2	2017年Q3	2017年Q4
营业收入的增长（同比）	37.98%	2.72%	2.82%
行业排名	35/160	106/160	110/160
每股收益的增长（同比）	7.14%	-6.67%	-11.54%
行业排名	56/160	90/160	95/160

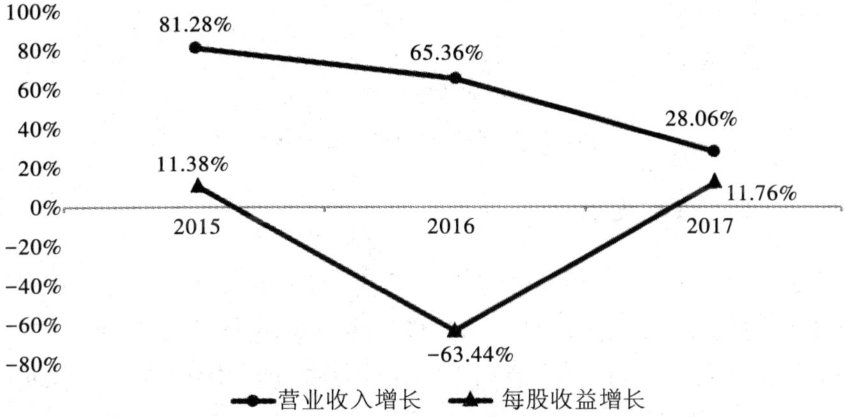

图 7-4 公司增长分析

7.2.4 产业链地位

如表 7-4 所示，游族网络 2014—2017 年应收账款占营业收入的比重分别为 14.63%（2017 年）、26.01%（2016 年）、25.03%（2015 年）、18.01%（2014 年），在行业中排名第 25 位（2017 年）、第 52 位（2016 年）、第 46 位（2015 年）、第 33 位（2014 年），说明 2017 年公司在产业链中的地位较高（如图 7-5 所示）。

表 7-4 公司产业链地位分析

年份	2014年	2015年	2016年	2017年
应收账款/营业收入	18.01%	25.03%	26.01%	14.63%
行业排名	33/160	46/160	52/160	25/160
季度	2017年Q2	2017年Q3	2017年Q4	2018年Q1
应收账款/营业收入	92.05%	82.36%	59.1%	78.69%
行业排名	36/160	30/160	41/160	31/160

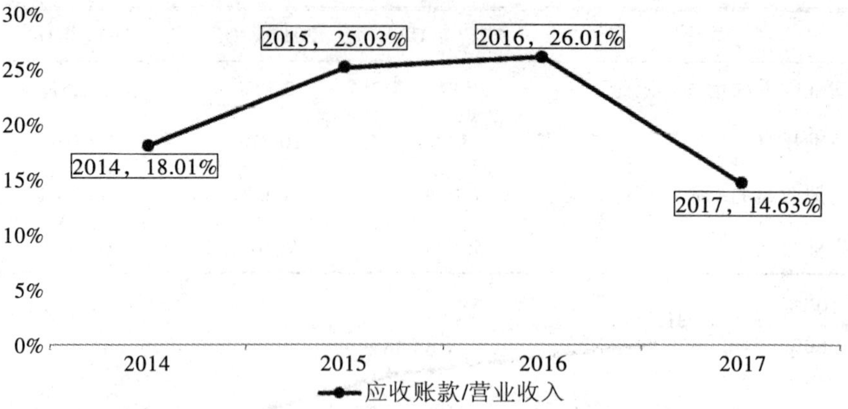

图 7-5 公司产业链地位分析

7.2.5 资本支出

如表 7-5 所示，游族网络 2014—2017 年资本支出占归属净利润的比重分别为 27.13%（2017 年）、17.35%（2016 年）、84.69%（2015 年）、105.54%（2014 年），在行业中排名第 51 位（2017 年）、第 39 位（2016 年）、第 106 位（2015 年）、第 117 位（2014 年），说明 2017 年公司依赖资本支出保持竞争力的程度很低（如图 7-6 所示）。

表 7-5 公司资本支出分析

年份	2014年	2015年	2016年	2017年
资本支出/归属净利润	105.54%	84.69%	17.35%	27.13%
行业排名	117/160	106/160	39/160	51/160
季度	2017年Q2	2017年Q3	2017年Q4	2018年Q1
资本支出/归属净利润	18.8%	65.77%	15.09%	40.97%
行业排名	52/160	88/160	45/160	46/160

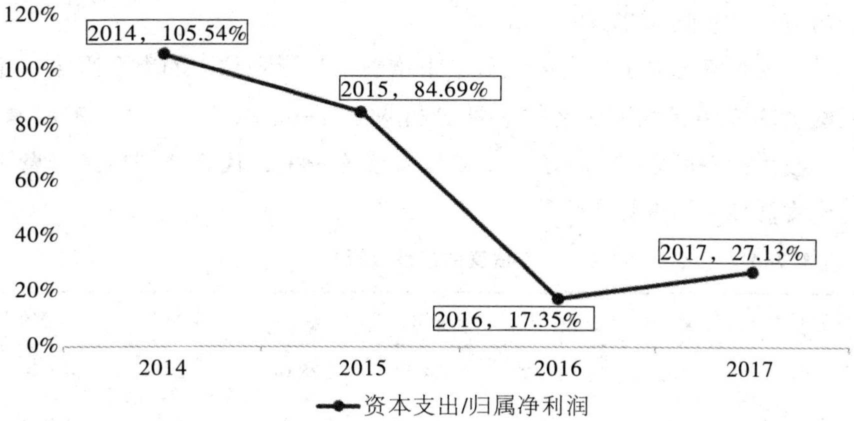

图 7-6　公司资本支出分析

综上所述，该公司的产品竞争力一般，公司的管理能力在该行业中表现中等，公司的营收增长比行业快，公司的收益增长比行业快，公司在产业链中的地位较高，公司依赖资本支出保持竞争力的程度很低（如图 7-7 所示）。

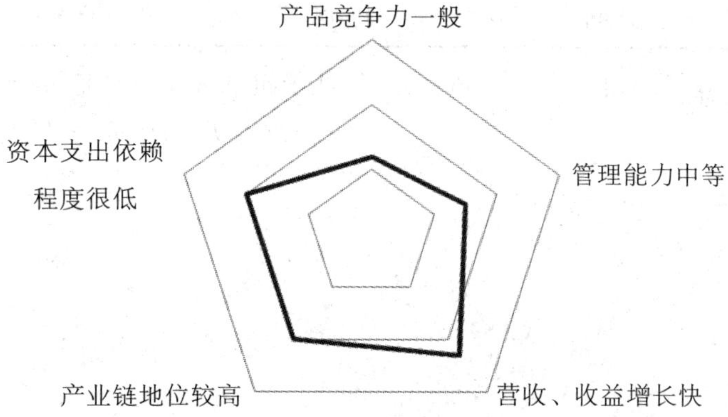

图 7-7　综合分析雷达图

7.3　公司估值

采用剩余收益模型对该公司进行估值。首先，运用 CAPM（资本资产定价模型）可以计算出该公司的资本成本。然后，基于该公司未来 3 年的 EPS（每股盈余）预测值和 DPS（每股分红）预测值即可计算出该公司的正常估值为 27.76 元/股。

考虑到资本成本和剩余收益未来增长率是影响估值的重要因素，根据两者的变化，我们做的敏感性分析见表 7-6。其中，r 是资本成本，代表股东投资所要求的收益率；g 是永续增长率，代表公司持续经营下剩余收益每年的增长率。

表 7-6 **估值敏感性分析**

敏感性分析	g=0%	g=1%	g=2%	g=3%	g=4%	g=5%
r+1.5%	20.37	22.25	24.71	28.08	32.96	40.66
r+1%	21.79	24	26.96	31.11	37.35	47.84
r+0.5%	23.41	26.03	29.62	34.82	43.03	57.94
r	25.26	28.4	32.82	39.47	50.63	73.23
r−0.5%	27.4	31.21	36.75	45.48	61.34	99.05
r−1%	29.9	34.6	41.67	53.53	77.55	152.01
r−1.5%	32.86	38.74	48.02	64.87	104.92	322.09

该公司目前股价为 17.06 元/股，低于机器人正常估值 38.54%。

（此报告于 2018 年 8 月 17 日生成）

第 8 章　三七互娱：国内二线游戏龙头

8.1　公司简介

三七互娱（上海）科技有限公司成立于 2011 年。三七互娱于 2015 年借壳芜湖顺荣汽车部件股份有限公司完成上市，股票代码 002555.SZ。

三七互娱主要从事互动娱乐业务及汽车零部件销售业务，其中互动娱乐业务以移动游戏和网页游戏的研发、发行和运营为主。三七互娱打造了 37 手游、37 游戏、37GAMES 等专业游戏运营平台，拥有极光网络、墨鹍科技等游戏研发团队。在移动游戏业务领域，艾媒咨询《2017—2018 年中国手机游戏市场研究报告》显示，三七互娱在 2017 年取得了 5.2% 的市场份额，仅次于腾讯和网易；在网页游戏领域，三七互娱在国内网页游戏运营平台中所占的市场份额行业排名第二，仅次于腾讯。

2017 年，三七互娱成功发行了《永恒纪元》《大天使之剑 H5》《仙灵觉醒》等网络游戏，月活跃用户人数（MAU）最高超过 1 300 万人，最高月流水突破5亿元。三七互娱营收增速较为稳健，2017年总营收达到61.89亿元，同比增长17.93%；利润总额19.17亿元，同比增长45.3%。在营收构成上，自2015年以来，三七互娱网络游戏收入始终占据营收的90%左右（如图8-1所示）。

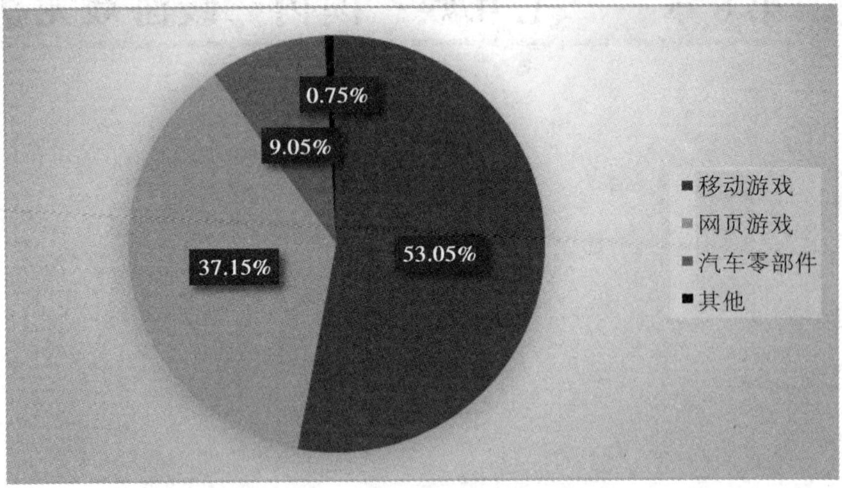

图 8-1　三七互娱营业收入构成

数据来源：三七互娱公司年报。

在泛娱乐方面，三七互娱也开始通过外延式并购及股权投资等方式在影视音乐制作、动漫制作与发行、虚拟现实技术、文化健康产业及海外IP等方向上进行拓展，打造全产业链生态布局。

8.2　公司特点

8.2.1　产品

如表8-1所示，三七互娱2014—2017年的毛利率分别为68.50%（2017年）、63.05%（2016年）、59.23%（2015年）、42.64%（2014年），分别在行业中排名第8位（2017年）、第16位（2016年）、第19位（2015年）、第40位（2014年），说明2017年公司的产品竞争力强，有一定的定价权（如图8-2所示）。

表 8-1　　　　公司产品竞争力分析

年份	2014年	2015年	2016年	2017年
毛利率	42.64%	59.23%	63.05%	68.50%
行业排名	40/106	19/106	16/106	8/106
季度	2017年Q2	2017年Q3	2017年Q4	2018年Q1
毛利率	69.66%	69.64%	68.02%	71.63%
行业排名	9/106	10/106	9/106	7/106

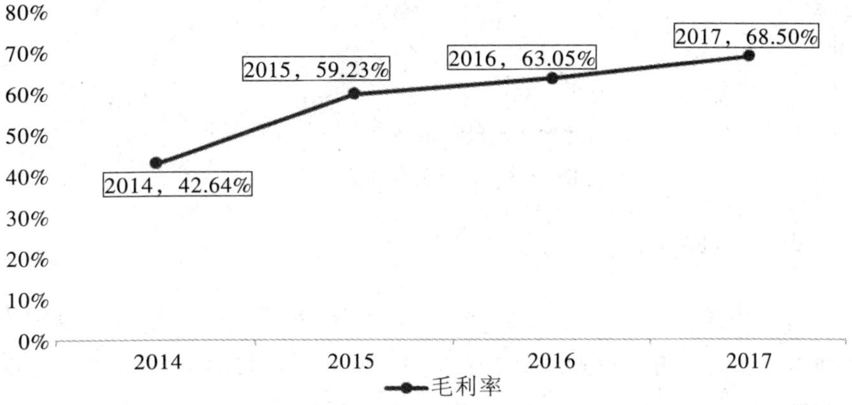

图 8-2　公司产品竞争力分析

8.2.2　管理

如表 8-2 所示，三七互娱 2014—2017 年销售费用和管理费用占毛利润的比重分别为 63.37%（2017 年）、64.20%（2016 年）、68.19%（2015 年）、77.20%（2014 年），在行业中排名第 40 位（2017 年）、第 49 位（2016 年）、第 61 位（2015 年）、第 72 位（2014 年），说明 2017 年公司的管理能力在该行业中表现中等（如图 8-3 所示）。

表 8-2　　　　公司管理能力分析

年份	2014年	2015年	2016年	2017年
（销售费用+管理费用）/毛利润	77.20%	68.19%	64.20%	63.37%
行业排名	72/106	61/106	49/106	40/106
季度	2017年Q2	2017年Q3	2017年Q4	2018年Q1
（销售费用+管理费用）/毛利润	64.9%	62.33%	67.18%	60.89%
行业排名	50/106	39/106	49/106	32/106

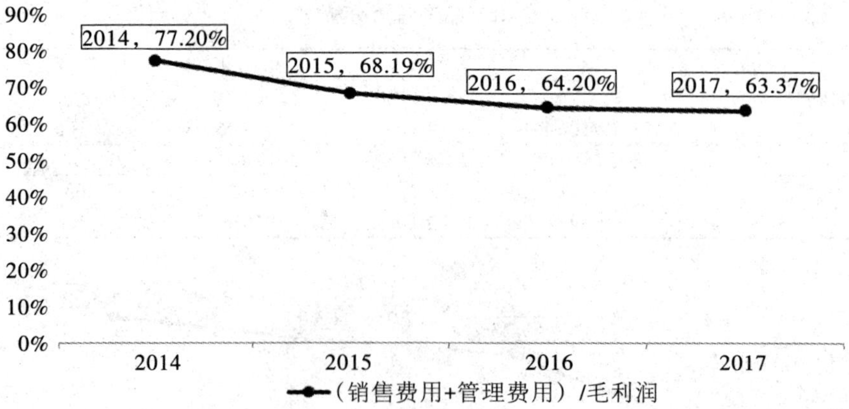

图 8-3 公司管理能力分析

8.2.3 增长

如表 8-3 所示，三七互娱 2015—2017 年的营业收入增长率分别为 17.90%（2017 年）、12.66%（2016 年）、679.26%（2015 年），在行业中排名第 41 位（2017 年）、第 63 位（2016 年）、第 1 位（2015 年），说明 2017 年公司的营收增长比行业快。三七互娱 2015—2017 年的基本每股收益分别为 0.76（2017 年）、0.51（2016 年）、0.58（2015 年），增长率分别为-48.15%（2017 年）、-11.55%（2016 年）、132%（2015 年），在行业中排名第 10 位（2017 年）、第 47 位（2016 年）、第 7 位（2015 年），说明 2017 年公司的收益增长比行业快（如图 8-4 所示）。

表 8-3　　　　**公司增长分析**

年份	2015 年	2016 年	2017 年
营业收入的增长（环比）	679.26%	12.66%	17.90%
行业排名	1/106	63/106	41/106
每股收益的增长（环比）	132%	-11.55%	-48.15%
行业排名	7/106	47/106	10/106
季度	2017 年 Q2	2017 年 Q3	2017 年 Q4
营业收入的增长（同比）	17.74%	11.29%	8.86%
行业排名	37/106	53/106	51/106
每股收益的增长（同比）	-95.75%	30.47%	24.83%
行业排名	28/106	26/106	28/106

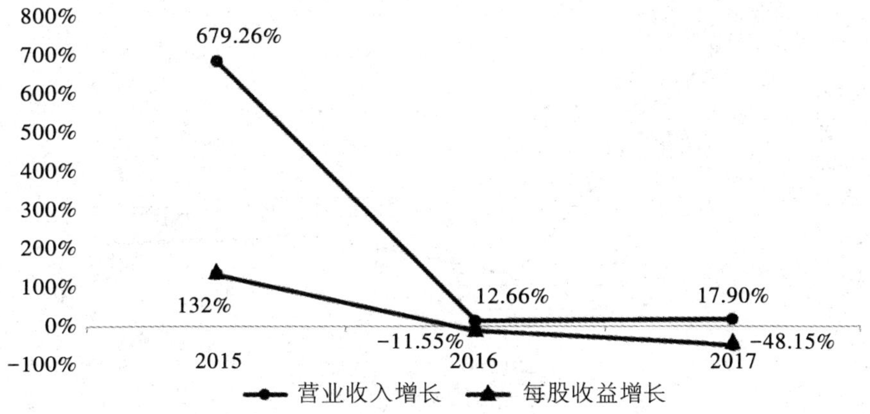

图 8-4 公司增长分析

8.2.4 产业链地位

如表 8-4 所示，三七互娱 2014—2017 年的应收账款占营业收入的比重分别为 14.30%（2017 年）、15.54%（2016 年）、10.02%（2015 年）、40.64%（2014 年），在行业中排名第 19 位（2017 年）、第 23 位（2016 年）、第 17 位（2015 年）、第 80 位（2014 年），说明 2017 年公司在产业链中的地位较高（如图 8-5 所示）。

表 8-4 **公司产业链地位分析**

年份	2014 年	2015 年	2016 年	2017 年
应收账款/营业收入	40.64%	10.02%	15.54%	14.30%
行业排名	80/106	17/106	23/106	19/106
季度	2017 年 Q2	2017 年 Q3	2017 年 Q4	2018 年 Q1
应收账款/营业收入	46.58%	48.41%	51.45%	56.57%
行业排名	11/106	11/106	25/106	14/106

8.2.5 资本支出

如表 8-5 所示，三七互娱 2014—2017 年资本支出占归属净利润的比重分别为 62.96%（2017 年）、19.53%（2016 年）、31.23%（2015 年）、130.91%（2014 年），在行业中排名第 59 位（2017 年）、第 31 位（2016 年）、第 43 位（2015 年）、第 77 位（2014 年），说明 2017 年公司依赖资本支出保持竞争力的程度较高（如图 8-6 所示）。

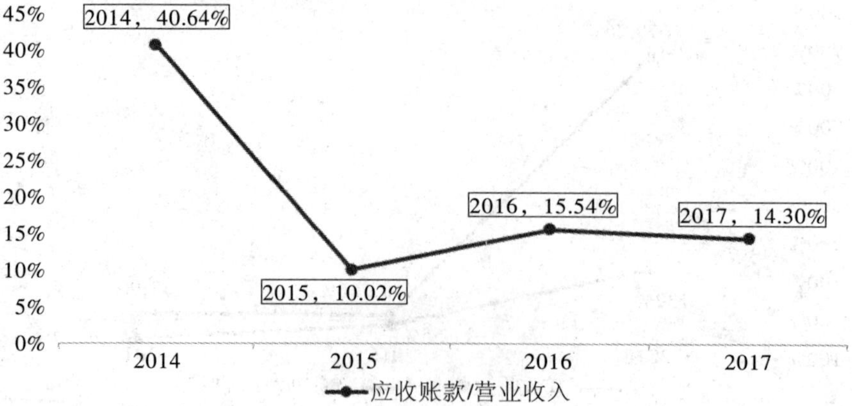

图 8-5 公司产业链地位分析

表 8-5 **公司资本支出分析**

年份	2014年	2015年	2016年	2017年
资本支出/归属净利润	130.91%	31.23%	19.53%	62.96%
行业排名	77/106	43/106	31/106	59/106
季度	2017年Q2	2017年Q3	2017年Q4	2018年Q1
资本支出/归属净利润	86.36%	115.79%	6.12%	19.81%
行业排名	73/106	77/106	16/106	36/106

图 8-6 公司资本支出分析

综上所述，该公司的产品竞争力强，有一定的定价权，公司的管理能力在该行业中表现中等，公司的营收增长比行业快，公司的收益增长比行业快，公司在产业链中的地位较高，公司依赖资本支出保持竞争力的程度较高（如图 8-7 所示）。

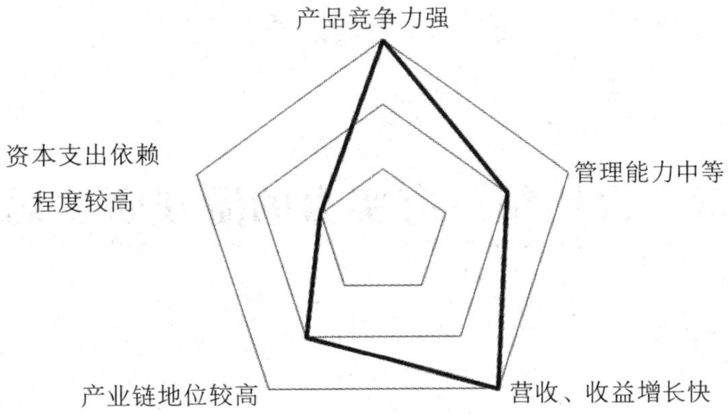

图 8-7　综合分析雷达图

8.3　公司估值

采用剩余收益模型对该公司进行估值。首先，运用 CAPM（资本资产定价模型）可以计算出该公司的资本成本。然后，基于该公司未来 3 年的 EPS（每股盈余）预测值和 DPS（每股分红）预测值即可计算出该公司的正常估值为 14.94 元/股。

考虑到资本成本和剩余收益未来增长率是影响估值的重要因素，根据两者的变化，我们做的敏感性分析见表 8-6。其中，r 是资本成本，代表股东投资所要求的收益率；g 是永续增长率，代表公司持续经营下剩余收益每年的增长率。

表 8-6　**估值敏感性分析**

敏感性分析	g=0%	g=1%	g=2%	g=3%	g=4%	g=5%
r+1.5%	11.26	12.12	13.19	14.56	16.38	18.92
r+1%	11.93	12.91	14.15	15.77	17.96	21.12
r+0.5%	12.67	13.8	15.25	17.18	19.86	23.87
r	13.51	14.82	16.52	18.84	22.18	27.38
r−0.5%	14.44	15.97	18	20.84	25.07	32.05
r−1%	15.5	17.3	19.75	23.27	28.77	38.53
r−1.5%	16.71	18.86	21.85	26.31	33.67	48.14

该公司目前股价为 10.74 元/股，位于合理估值区间。

（此报告于 2018 年 8 月 17 日生成）

第9章　吉比特：有实力的游戏研发运营商

9.1　公司简介

厦门吉比特网络技术股份有限公司成立于2004年3月26日，2017年1月4日在A股上市。

作为一家网络游戏研发和运营商，吉比特公司专门从事于网络游戏创意策划、研发制作及商业化运营，是国家级重点软件企业。吉比特公司以打造“原创、精品、绿色”的网络游戏为宗旨，在2018年7月入围2018年福布斯亚洲中小上市企业榜（Best Under A Billion）。

吉比特公司的游戏研发实力较强。截至2017年底，吉比特公司共有239名研发人员，占公司员工总数的48.28%。2015年、2016年和2017年吉比特公司研发费用分别占总营收的16.20%、14.79%和16.94%。吉比特公司结合中华民族传统文化内涵创作了多款网络游戏作品，并入选国家新闻出版广电总局“中国民族网络游戏出版工程”及“新闻出版改革发展项目库”。

在游戏研发之外，吉比特公司积极向产业链下游拓展游戏运营业务：设立全资子公司——雷霆游戏——作为公司的自主运营平台，专注于网络游戏推广和运营。雷霆游戏通过微信公众号、影视剧产品植入、直播平台植入、游戏论坛、线下活动等方式进行推广，经过几年的积累与沉淀，已具备较为出色的游戏运营能力。截至2018年6月，雷霆游戏成功代理运营了《问道手游》《不思议迷宫》《地下城堡》《贪婪洞窟》等多款移动游戏，并储备数款待上线手游。

如图9-1所示，吉比特公司年报显示，在公司主营业务收入构成中，授权运营模式占比58.51%，自主运营和联合运营模式占比为21.55%和16.74%；三种运营模式均有非常高的毛利率，分别为98.17%、88.15%、89.61%；授权运营、自主运营及联合运营已成为吉比特运营网络游戏的三种主要模式。

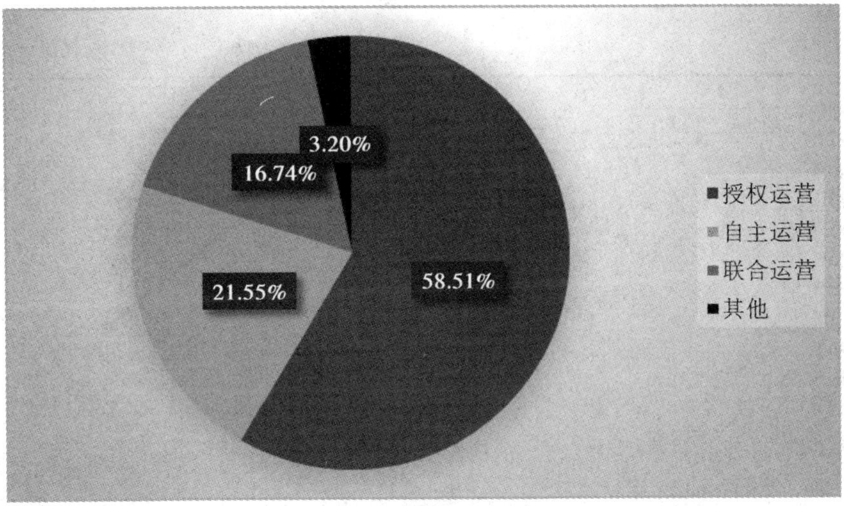

图9-1 吉比特主营业务收入构成

数据来源：吉比特公司年报。

9.2 公司特点

9.2.1 产品

如表9-1所示，吉比特2014—2017年的毛利率分别为90.83%

（2017 年）、96.00%（2016 年）、96.44%（2015 年）、96.86%（2014 年），分别在行业中排名第 6 位（2017 年）、第 2 位（2016 年）、第 2 位（2015 年）、第 3 位（2014 年），说明 2017 年公司的产品竞争力强，有一定的定价权（如图 9-2 所示）。

表 9-1　　公司产品竞争力分析

年份	2014年	2015年	2016年	2017年
毛利率	96.86%	96.44%	96.00%	90.83%
行业排名	3/160	2/160	2/160	6/160
季度	2017年Q2	2017年Q3	2017年Q4	2018年Q1
毛利率	90.35%	90.30%	90.30%	90.67%
行业排名	9/160	7/160	7/160	6/160

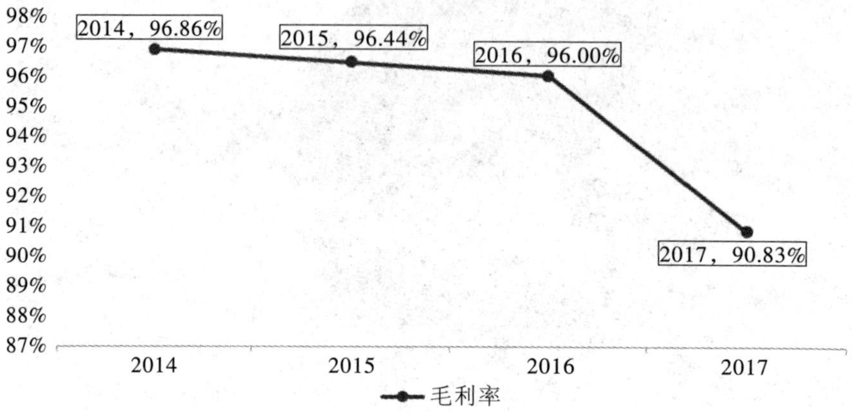

图 9-2　公司产品竞争力分析

9.2.2　管理

如表 9-2 所示，吉比特 2014—2017 年销售费用和管理费用占毛利润的比重分别为 38.84%（2017 年）、34.91%（2016 年）、36.09%（2015 年）、35.42%（2014 年），在行业中排名第 10 位（2017 年）、第 7 位（2016 年）、第 9 位（2015 年）、第 7 位（2014 年），说明 2017 年公司的管理能力在该行业中表现优秀（如图 9-3 所示）。

表 9-2 **公司管理能力分析**

年份	2014年	2015年	2016年	2017年
（销售费用+管理费用）/毛利润	35.42%	36.09%	34.91%	38.84%
行业排名	7/160	9/160	7/160	10/160
季度	2017年Q2	2017年Q3	2017年Q4	2018年Q1
（销售费用+管理费用）/毛利润	39.93%	43.45%	38.70%	34.22%
行业排名	17/160	18/160	28/160	7/160

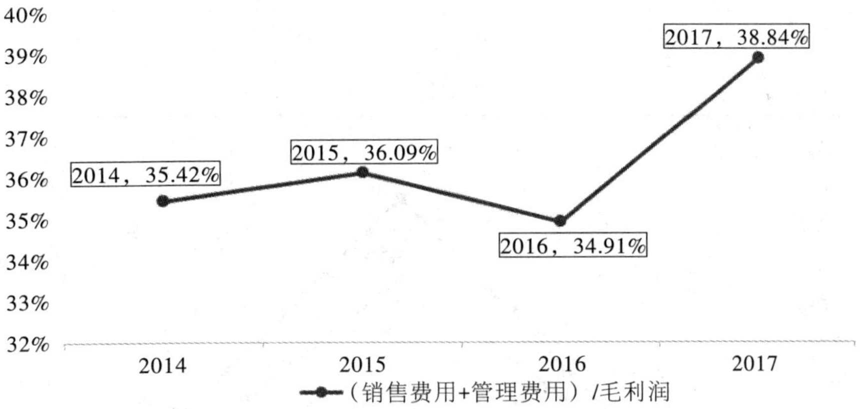

图 9-3 公司管理能力分析

9.2.3 增长

如表 9-3 所示，吉比特 2015—2017 年的营业收入增长率分别为 9.92%（2017 年）、336.67%（2016 年）、-7.12%（2015 年），在行业中排名第 104 位（2017 年）、第 3 位（2016 年）、第 145 位（2015 年），说明 2017 年公司的营收增长比行业慢。吉比特 2015—2017 年的基本每股收益分别为 8.53（2017 年）、10.97（2016 年）、3.28（2015 年），增长率分别为-22.24%（2017 年）、234.45%（2016 年）、-9.64%（2015 年），在行业中排名第 96 位（2017 年）、第 7 位（2016 年）、第 83 位（2015 年），说明 2017 年公司的收益增长比行业慢（如图 9-4 所示）。

表 9-3　　**公司增长分析**

年份	2015年	2016年	2017年
营业收入的增长（环比）	-7.12%	336.67%	9.92%
行业排名	145/160	3/160	104/160
每股收益的增长（环比）	-9.64%	234.45%	-22.24%
行业排名	83/160	7/160	96/160
季度	2017年Q2	2017年Q3	2017年Q4
营业收入的增长（同比）	-29.07%	0%	-2.6%
行业排名	150/160	111/160	130/160
每股收益的增长（同比）	-58.07%	-35.76%	0.43%
行业排名	126/160	109/160	72/160

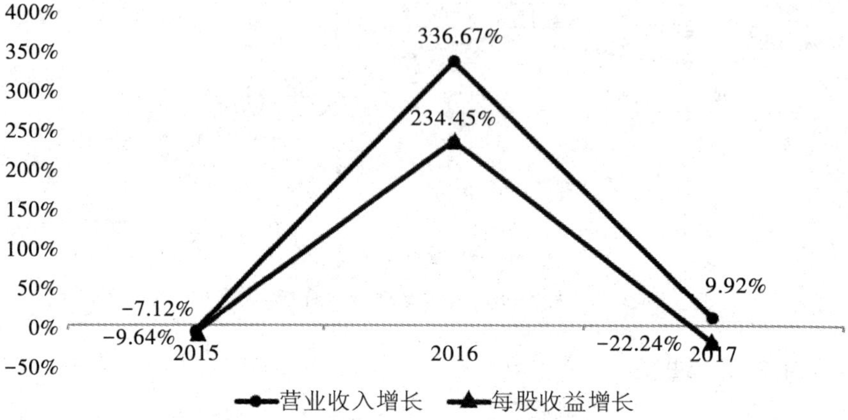

图 9-4　公司增长分析

9.2.4 产业链地位

如表 9-4 所示，吉比特 2014—2017 年的应收账款占营业收入的比重分别为 14.30%（2017 年）、15.54%（2016 年）、10.02%（2015 年）、6.50%（2014 年），在行业中排名第 20 位（2017 年）、第 30 位（2016 年）、第 12 位（2015 年）、第 12 位（2014 年），说明 2017 年公司在产业链中的地位较高（如图 9-5 所示）。

表 9-4　　公司产业链地位分析

年份	2014年	2015年	2016年	2017年
应收账款/营业收入	6.50%	10.02%	15.54%	14.30%
行业排名	12/160	12/160	30/160	20/160
季度	2017年Q2	2017年Q3	2017年Q4	2018年Q1
应收账款/营业收入	57.56%	64.64%	49.07%	57.37%
行业排名	26/160	23/160	33/160	21/160

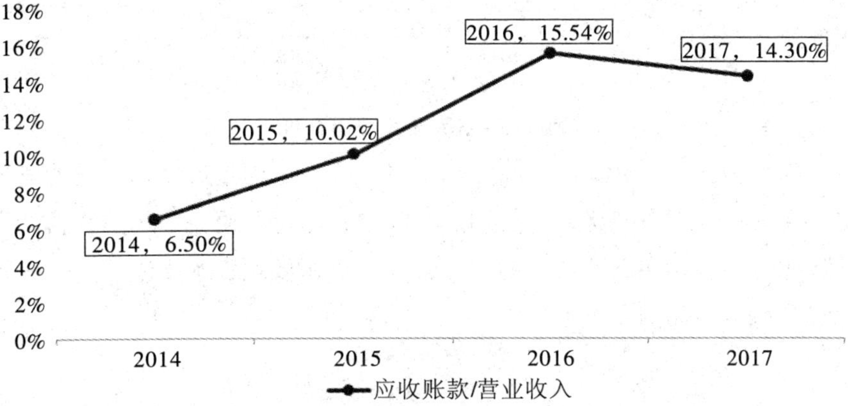

图 9-5　公司产业链地位分析

9.2.5　资本支出

如表 9-5 所示，吉比特 2014—2017 年资本支出占归属净利润的比重分别为 52.46%（2017 年）、26.67%（2016 年）、16.27%（2015 年）、4.80%（2014 年），在行业中排名第 76 位（2017 年）、第 55 位（2016 年）、第 35 位（2015 年）、第 16 位（2014 年），说明 2017 年公司依赖资本支出保持竞争力的程度适中（如图 9-6 所示）。

表 9-5　　公司资本支出分析

年份	2014年	2015年	2016年	2017年
资本支出/归属净利润	4.80%	16.27%	26.67%	52.46%
行业排名	16/160	35/160	55/160	76/160
季度	2017年Q2	2017年Q3	2017年Q4	2018年Q1
资本支出/归属净利润	97.78%	81.25%	13.09%	21.06%
行业排名	106/160	94/160	38/160	29/160

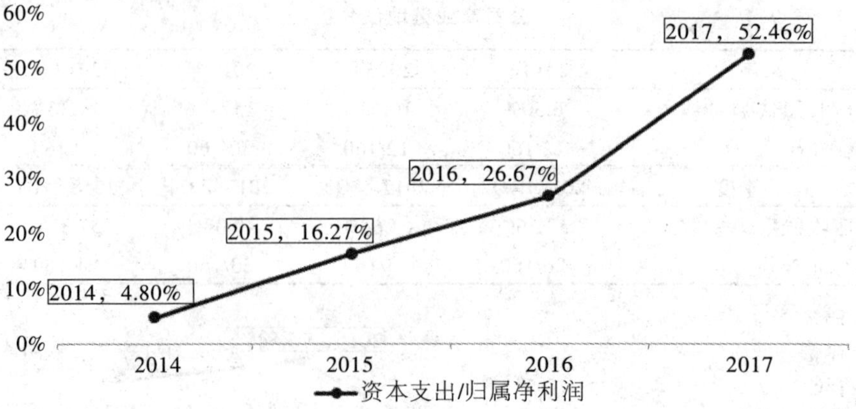

图 9-6 公司资本支出分析

综上所述，该公司的产品竞争力强，有一定的定价权，公司的管理能力在该行业中表现优秀，公司的营收增长比行业慢，公司的收益增长比行业慢，公司在产业链中的地位较高，公司依赖资本支出保持竞争力的程度适中（如图 9-7 所示）。

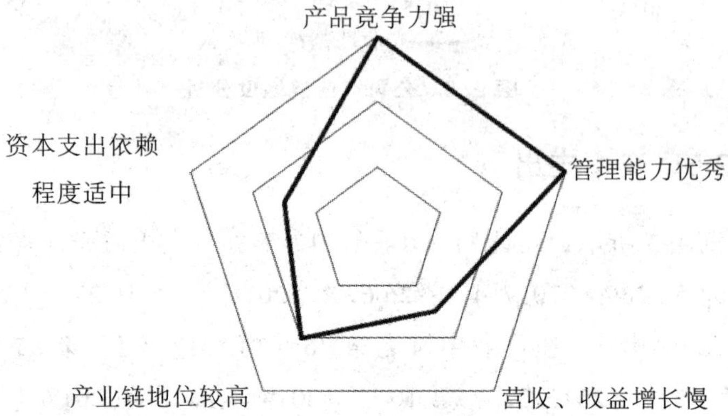

图 9-7 综合分析雷达图

9.3 公司估值

采用剩余收益模型对该公司进行估值。首先，运用 CAPM（资本资产定价模型）可以计算出该公司的资本成本。然后，基于该公司未来 3 年的 EPS（每股盈余）预测值和 DPS（每股分红）预测值即可计算出该公司的正常估值为 165.20 元/股。

考虑到资本成本和剩余收益未来增长率是影响估值的重要因素，根据两者的变化，我们做的敏感性分析见表 9-6。其中，r 是资本成本，代表股东投资所要求的收益率；g 是永续增长率，代表公司持续经营下剩余收益每年的增长率。

表 9-6 **估值敏感性分析**

敏感性分析	g=0%	g=1%	g=2%	g=3%	g=4%	g=5%
r+1.5%	130.47	140.91	154.27	171.97	196.55	233
r+1%	138.85	151.01	166.83	188.25	218.9	266.36
r+0.5%	148.26	162.53	181.44	207.71	246.65	310.34
r	158.91	175.8	198.66	231.37	282.03	370.98
r−0.5%	171.07	191.24	219.25	260.77	328.69	459.91
r−1%	185.08	209.44	244.28	298.25	393.01	602.92
r−1.5%	201.38	231.19	275.38	347.67	487.34	870.81

该公司目前股价为 122.14 元/股，位于合理估值区间。

（此报告于 2018 年 8 月 17 日生成）

第10章　顺网科技：“吃鸡”热度驱动业绩

10.1　公司简介

杭州顺网科技股份有限公司于2005年7月成立，并于2010年8月27日在A股创业板上市，股票代码300113.SZ。

顺网科技致力于打造产业基础服务平台，是目前国内最大的网吧平台服务商。顺网科技通过“网维大师”构建网吧管理软件，为网吧提供系统管理、软件更新及娱乐内容的更新和管理等服务；此外，顺网科技推出网吧经营管理工具——“网吧管家”，为网吧的经营管理等打造一套系统化的解决方案。

2017年，顺网科技实现营业总收入为18.16亿元，同比增长6.70%。顺网科技的主营业务收入构成如图10-1所示。由图10-1可见，游戏业务、网络广告及增值业务、安全系统集成业务和展会业务是公司营收的主要来源。2017年，顺网科技的页游联运接入新游戏71款，流水达到1.54亿元；在广告业务方面，顺网科技充分利用大数据精准营销，完成营收3.6亿元；在网吧业务方面，顺网科技凭借“穿透还原”和“三层更新”技术，为网吧的安全管理、系统维护及娱乐内容的更新和管理提供了卓越的解决方案。

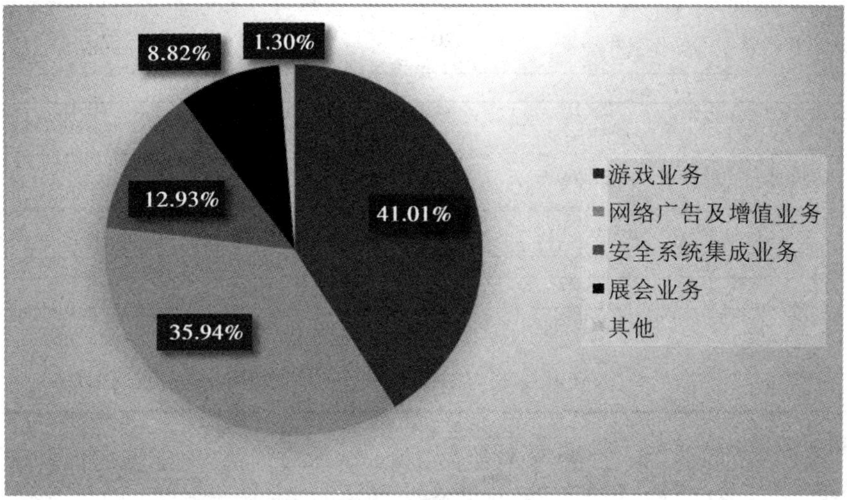

图10-1 顺网科技主营业务收入构成

数据来源：顺网科技公司年报。

顺网科技把握“吃鸡”游戏热潮，精准营销，有望为公司带来新的业务增量。由于射击游戏《绝地求生》（俗称“吃鸡”）对电脑的配置要求较高，同时其游戏模式要求团队合作，促使大量玩家选择在网吧玩游戏。2017年，由于“吃鸡”游戏的火爆，带动网吧人流数量明显上升，网吧流量的回升有望促使顺网科技广告业务出现新的增长点。

10.2 公司特点

10.2.1 产品

如表10-1所示，顺网科技2014—2017年的毛利率分别为70.11%（2017年）、75.18%（2016年）、78.63%（2015年）、70.11%（2014年），分别在行业中排名第25位（2017年）、第20位（2016年）、第

16 位（2015 年）、第 23 位（2014 年），说明 2017 年公司的产品竞争力较强（如图 10-2 所示）。

表 10-1 公司产品竞争力分析

年份	2014 年	2015 年	2016 年	2017 年
毛利率	70.11%	78.63%	75.18%	70.11%
行业排名	23/160	16/160	20/160	25/160
季度	2017 年 Q2	2017 年 Q3	2017 年 Q4	2018 年 Q1
毛利率	73.5%	73.91%	59.13%	64.35%
行业排名	23/160	19/160	38/160	31/160

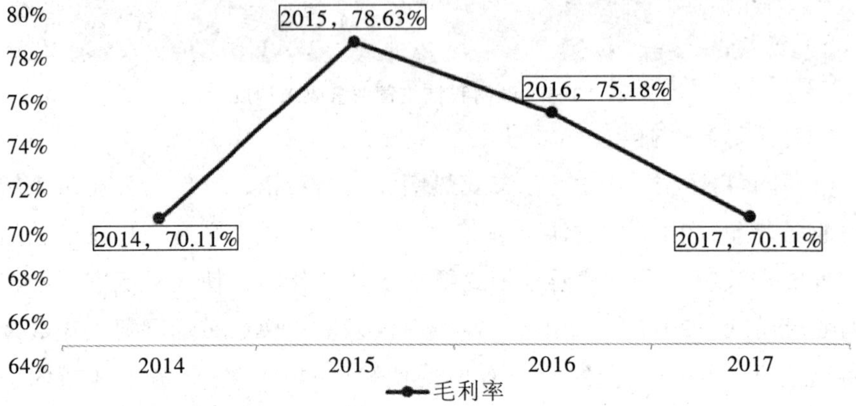

图 10-2 公司产品竞争力分析

10.2.2 管理

如表 10-2 所示，顺网科技 2014—2017 年销售费用和管理费用占毛利润的比重分别为 48.82%（2017 年）、47.97%（2016 年）、58.48%（2015 年）、69.17%（2014 年），在行业中排名第 24 位（2017 年）、第 31 位（2016 年）、第 56 位（2015 年）、第 90 位（2014 年），说明 2017 年公司的管理能力在该行业中表现不错（如图 10-3 所示）。

表 10-2　　公司管理能力分析

年份	2014年	2015年	2016年	2017年
（销售费用+管理费用）/毛利润	69.17%	58.48%	47.97%	48.82%
行业排名	90/160	56/160	31/160	24/160
季度	2017年Q2	2017年Q3	2017年Q4	2018年Q1
（销售费用+管理费用）/毛利润	53.54%	45.90%	52.79%	43.40%
行业排名	42/160	25/160	67/160	11/160

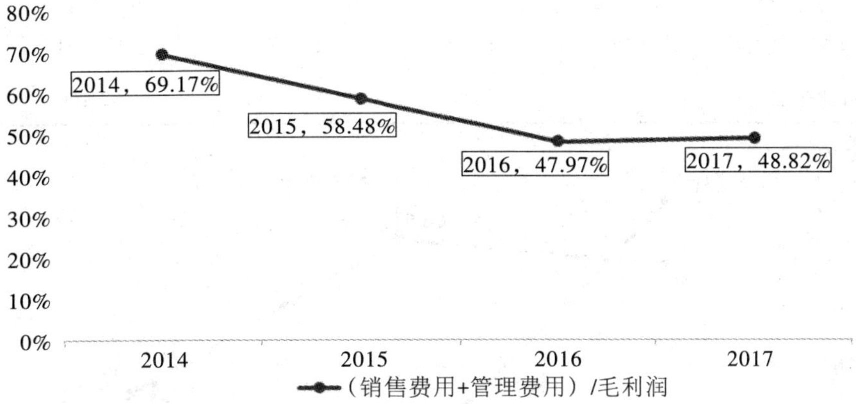

图 10-3　公司管理能力分析

10.2.3　增长

如表 10-3 所示，顺网科技 2015—2017 年的营业收入增长率分别为 7.06%（2017 年）、66.67%（2016 年）、57.16%（2015 年），在行业中排名第 114 位（2017 年）、第 23 位（2016 年）、第 24 位（2015 年），说明 2017 年公司的营收增长比行业慢。顺网科技 2015—2017 年的基本每股收益分别为 0.74（2017 年）、0.76（2016 年）、0.98（2015 年），增长率分别为-2.63%（2017 年）、-22.45%（2016 年）、81.48%（2015 年），在行业中排名第 76 位（2017 年）、第 115 位（2016 年）、第 12 位（2015 年），说明 2017 年公司的收益增长比行业慢（如图 10-4 所示）。

表 10-3　　　　公司增长分析

年份	2015年	2016年	2017年
营业收入的增长（环比）	57.16%	66.67%	7.06%
行业排名	24/160	23/160	114/160
每股收益的增长（环比）	81.48%	-22.45%	-2.63%
行业排名	12/160	115/160	76/160
季度	2017年Q2	2017年Q3	2017年Q4
营业收入的增长（同比）	-10.29%	-1.56%	24.30%
行业排名	131/160	116/160	60/160
每股收益的增长（同比）	-39.13%	0%	11.11%
行业排名	112/160	78/160	62/160

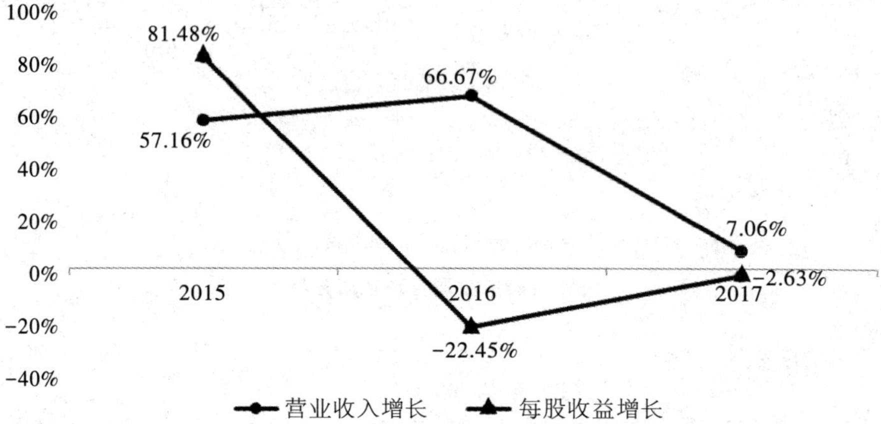

图 10-4　公司增长分析

10.2.4　产业链地位

如表 10-4 所示，顺网科技 2014—2017 年的应收账款占营业收入的比重分别为 13.19%（2017 年）、11.18%（2016 年）、14.90%（2015 年）、20.49%（2014 年），在行业中排名第 23 位（2017 年）、第 19 位（2016 年）、第 26 位（2015 年）、第 43 位（2014 年），说明 2017 年公司在产业链中的地位较高（如图 10-5 所示）。

表 10-4　　**公司产业链地位分析**

年份	2014年	2015年	2016年	2017年
应收账款/营业收入	20.49%	14.90%	11.18%	13.19%
行业排名	43/160	26/160	19/160	23/160
季度	2017年Q2	2017年Q3	2017年Q4	2018年Q1
应收账款/营业收入	60.88%	48.42%	38.46%	42.96%
行业排名	27/160	15/160	18/160	15/160

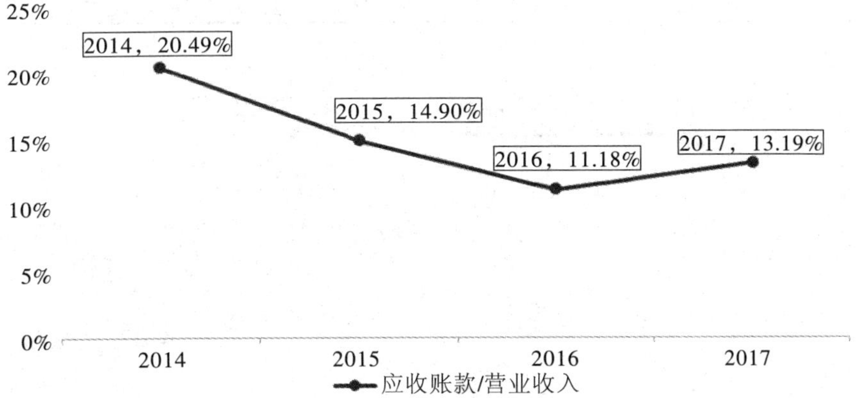

图 10-5　公司产业链地位分析

10.2.5　资本支出

如表 10-5 所示，顺网科技 2014—2017 年资本支出占归属净利润的比重分别为 2.64%（2017 年）、9.53%（2016 年）、9.06%（2015 年）、9.15%（2014 年），在行业中排名第 6 位（2017 年）、第 24 位（2016 年）、第 16 位（2015 年）、第 26 位（2014 年），说明 2017 年公司依赖资本支出保持竞争力的程度在行业内处于较低水平（如图 10-6 所示）。

综上所述，该公司的产品竞争力较强，公司的管理能力在该行业中表现不错，公司的营收增长比行业慢，公司的收益增长比行业慢，公司在产业链中的地位较高，公司依赖资本支出保持竞争力的程度较低（如图 10-7 所示）。

表 10-5　　　　　　　　**公司资本支出分析**

年份	2014年	2015年	2016年	2017年
资本支出/归属净利润	9.15%	9.06%	9.53%	2.64%
行业排名	26/160	16/160	24/160	6/160
季度	2017年Q2	2017年Q3	2017年Q4	2018年Q1
资本支出/归属净利润	6.99%	5.36%	-3.61%	0.96%
行业排名	30/160	22/160	139/160	5/160

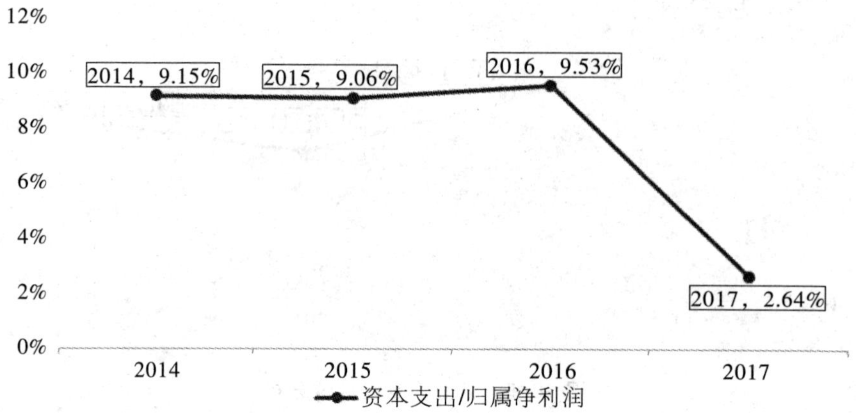

图 10-6　公司资本支出分析

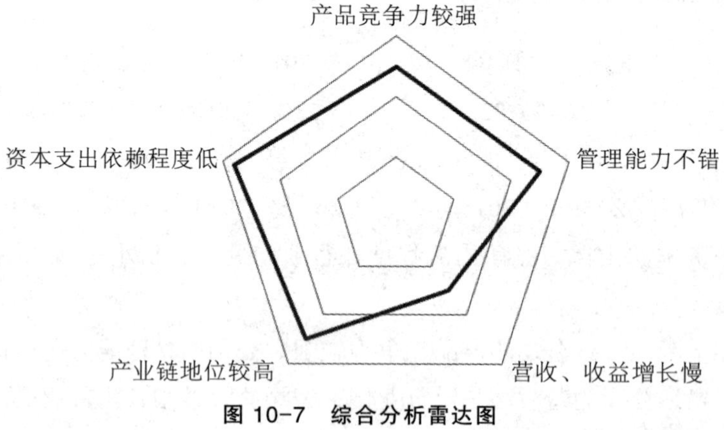

图 10-7　综合分析雷达图

10.3 公司估值

采用剩余收益模型对该公司进行估值。首先，运用CAPM（资本资产定价模型）可以计算出该公司的资本成本。然后，基于该公司未来3年的EPS（每股盈余）预测值和DPS（每股分红）预测值即可计算出该公司的正常估值为16.18元/股。

考虑到资本成本和剩余收益未来增长率是影响估值的重要因素，根据两者的变化，我们做的敏感性分析见表10-6。其中，r是资本成本，代表股东投资所要求的收益率；g是永续增长率，代表公司持续经营下剩余收益每年的增长率。

表10-6 **估值敏感性分析**

敏感性分析	g=0%	g=1%	g=2%	g=3%	g=4%	g=5%
r+1.5%	11.79	12.6	13.64	15.02	16.94	19.8
r+1%	12.55	13.51	14.76	16.45	18.88	22.66
r+0.5%	13.41	14.55	16.06	18.17	21.3	26.45
r	14.38	15.74	17.6	20.25	24.39	31.71
r−0.5%	15.49	17.14	19.43	22.85	28.48	39.46
r−1%	16.76	18.78	21.67	26.17	34.14	52.07
r−1.5%	18.25	20.74	24.46	30.57	42.5	76.16

该公司目前股价为16.77元/股，高于机器人正常估值。

（此报告于2018年8月17日生成）

第 11 章　完美世界：影视游戏综合体

11.1　公司简介

完美世界股份有限公司于 2014 年 12 月 19 日通过重大资产重组，登陆深圳证券交易所中小板，股票代码 002624.SZ。2016 年 4 月 28 日，完美世界股份有限公司成功收购了上海完美世界网络技术有限公司。2014 年 7 月，习近平同志在出访阿根廷期间，将完美世界公司的影视作品《北京青年》、《老有所依》和《失恋三十三天》等作为国礼赠送给阿根廷政府官员。

完美世界股份有限公司的业务涵盖完美世界影视和完美世界游戏两大板块。2004 年，完美世界正式开展游戏业务。完美世界影视每年播出近 600 集电视剧，电视剧播出时间占黄金时段的 10% 以上。2016 年 10 月，完美世界院线公司和影院管理公司成立，主要从事院线经营及影院经营业务。作为中国最早从事海外运营的网络游戏公司，完美世界游戏在中国网络游戏海外出口市场的收入中连续多年排名第一，用户群覆盖全球 100 多个国家和地区，并在全球多地建立了自己的运营平台。

2017年完美世界营业收入近79.43亿元，比上年增长28.97%。完美世界主营业务收入构成如图11-1所示，其中游戏相关业务占比最大，达到70.88%，影视相关业务占比28.72%。

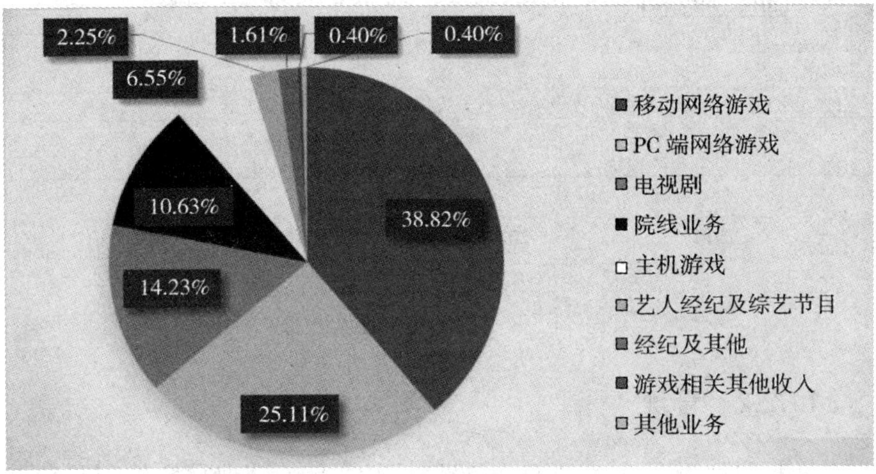

图11-1　完美世界主营业务收入构成

数据来源：完美世界公司年报。

11.2 公司特点

11.2.1 产品

如表11-1所示，完美世界2014—2017年的毛利率分别为57.38%（2017年）、61.04%（2016年）、62.99%（2015年）、49.46%（2014年），分别在行业中排名第8位（2017年）、第5位（2016年）、第4位（2015年）、第9位（2014年），说明2017年公司的产品竞争力强，有一定的定价权（如图11-2所示）。

表11-1　**公司产品竞争力分析**

年份	2014年	2015年	2016年	2017年
毛利率	49.46%	62.99%	61.04%	57.38%
行业排名	9/89	4/89	5/89	8/89
季度	2017年Q2	2017年Q3	2017年Q4	2018年Q1
毛利率	55.77%	59.95%	57.26%	61.28%
行业排名	13/89	6/89	14/89	7/89

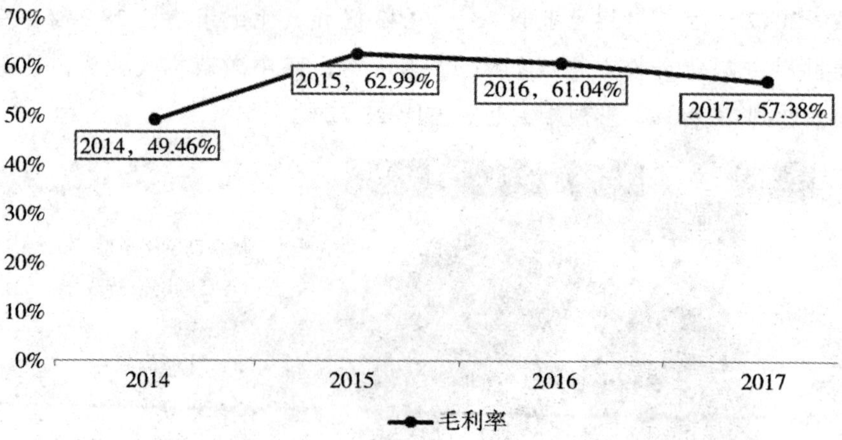

图 11-2　公司产品竞争力分析

11.2.2　管理

如表 11-2 所示，完美世界 2014—2017 年销售费用和管理费用占毛利润的比重分别为 61.85%（2017 年）、69.02%（2016 年）、95.65%（2015 年）、32.50%（2014 年），在行业中排名第 50 位（2017 年）、第 58 位（2016 年）、第 84 位（2015 年）、第 11 位（2014 年），说明 2017 年公司的管理能力在该行业中有待提高（如图 11-3 所示）。

表 11-2　**公司管理能力分析**

年份	2014年	2015年	2016年	2017年
（销售费用+管理费用）/毛利润	32.50%	95.65%	69.02%	61.85%
行业排名	11/89	84/89	58/89	50/89
季度	2017年Q2	2017年Q3	2017年Q4	2018年Q1
（销售费用+管理费用）/毛利润	70.65%	63.03%	50.36%	65.10%
行业排名	63/89	45/89	33/89	43/89

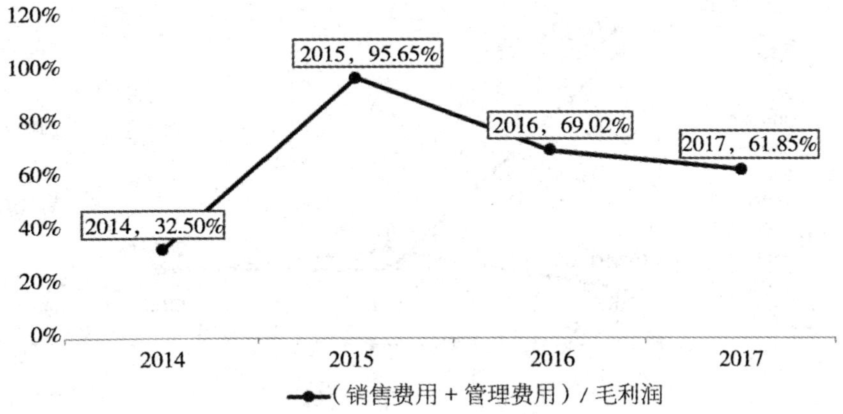

图 11-3 公司管理能力分析

11.2.3 增长

如表 11-3 所示，完美世界 2015—2017 年的营业收入增长率分别为 28.73%（2017 年）、25.97%（2016 年）、428.08%（2015 年），在行业中排名第 15 位（2017 年）、第 33 位（2016 年）、第 5 位（2015 年），说明公司的营收增长比行业快。完美世界 2015—2017 年的基本每股收益分别为 1.14（2017 年）、0.96（2016 年）、-0.59（2015 年），增长率分别为 18.75%（2017 年）、62.71%（2016 年）、-10.61%（2015 年），在行业中排名第 24 位（2017 年）、第 11 位（2016 年）、第 55 位（2015 年），说明 2017 年公司的收益增长比行业快（如图 11-4 所示）。

表 11-3 **公司增长分析**

年份	2015 年	2016 年	2017 年
营业收入的增长（环比）	428.08%	25.97%	28.73%
行业排名	5/89	33/89	15/89
每股收益的增长（环比）	-10.61%	62.71%	18.75%
行业排名	55/89	11/89	24/89
季度	2017 年 Q2	2017 年 Q3	2017 年 Q4
营业收入的增长（同比）	47.37%	35.66%	-8.02%
行业排名	8/89	20/89	69/89
每股收益的增长（同比）	-4.48%	24%	-5%
行业排名	50/89	22/89	41/89

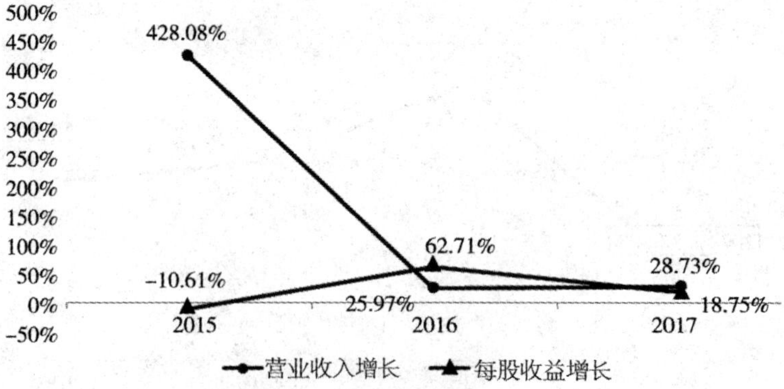

图 11-4 公司增长分析

11.2.4 产业链地位

如表 11-4 所示，完美世界 2014—2017 年的应收账款占营业收入的比重分别为 20.05%（2017 年）、31.33%（2016 年）、20.14%（2015 年）、74.95%（2014 年），在行业中排名第 41 位（2017 年）、第 59 位（2016 年）、第 46 位（2015 年）、第 81 位（2014 年），说明 2017 年公司在产业链中的地位一般（如图 11-5 所示）。

表 11-4 公司产业链地位分析

年份	2014年	2015年	2016年	2017年
应收账款/营业收入	74.95%	20.14%	31.33%	20.05%
行业排名	81/89	46/89	59/89	41/89
季度	2017年Q2	2017年Q3	2017年Q4	2018年Q1
应收账款/营业收入	87.50%	85.57%	65.98%	72.78%
行业排名	44/89	39/89	41/89	20/89

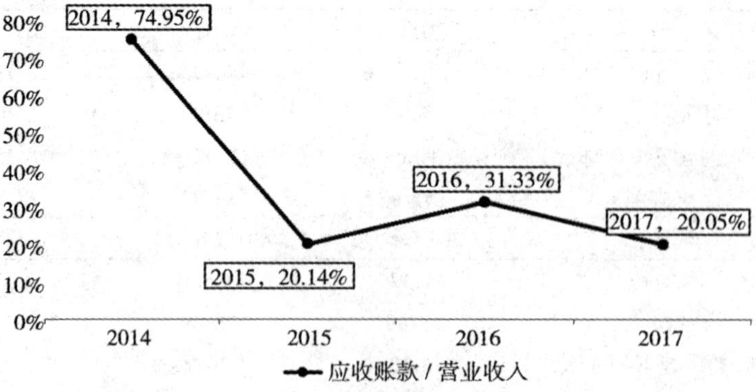

图 11-5 公司产业链地位分析

11.2.5 资本支出

如表 11-5 所示，完美世界 2014—2017 年资本支出占归属净利润的比重分别为 12.93%（2017 年）、14.36%（2016 年）、214.93%（2015 年）、16.38%（2014 年），在行业中排名第 27 位（2017 年）、第 32 位（2016 年）、第 77 位（2015 年）、第 24 位（2014 年），说明 2017 年公司依赖资本支出保持竞争力的程度很低（如图 11-6 所示）。

表 11-5　　公司资本支出分析

年份	2014年	2015年	2016年	2017年
资本支出/归属净利润	16.38%	214.93%	14.36%	12.93%
行业排名	24/89	77/89	32/89	27/89
季度	2017年Q2	2017年Q3	2017年Q4	2018年Q1
资本支出/归属净利润	22.25%	3.85%	12.93%	7.66%
行业排名	43/89	16/89	26/28	23/89

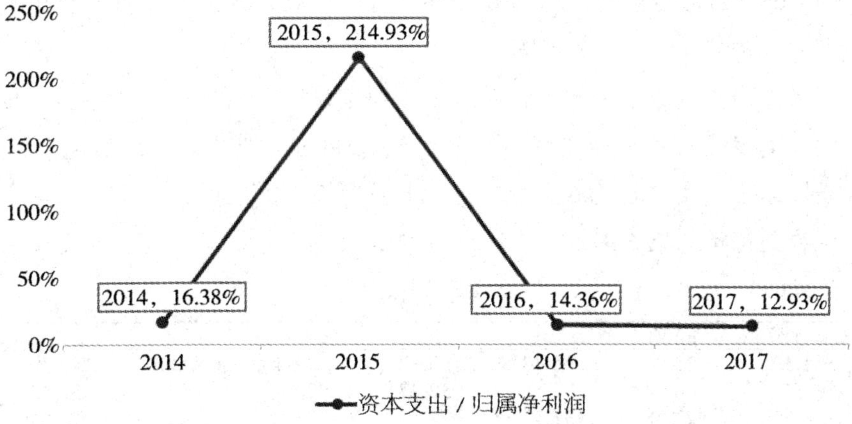

图 11-6　公司资本支出分析

综上所述，该公司的产品竞争力强，有一定的定价权，公司的管理能力在该行业中有待提高，公司的营收增长比行业快，公司的收益增长比行业快，公司在产业链中的地位很低，公司依赖资本支出保持竞争力的程度很低（如图 11-7 所示）。

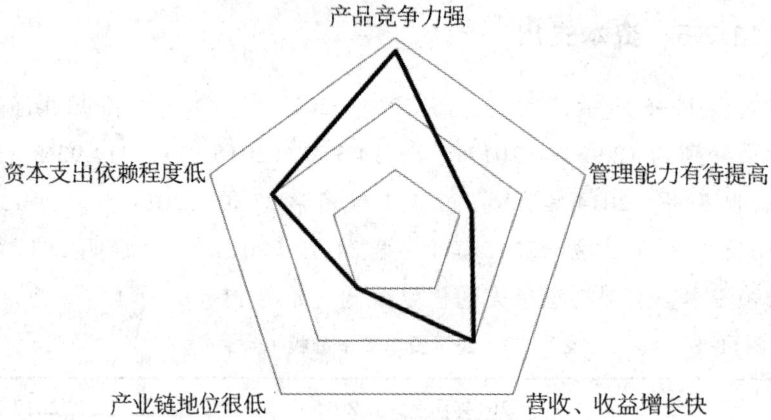

图 11-7　综合分析雷达图

11.3　公司估值

采用剩余收益模型对该公司进行估值。首先，运用 CAPM（资本资产定价模型）可以计算出该公司的资本成本。然后，基于该公司未来 3 年的 EPS（每股盈余）预测值和 DPS（每股分红）预测值即可计算出该公司的正常估值为 34.37 元/股。

考虑到资本成本和剩余收益未来增长率是影响估值的重要因素，根据两者的变化，我们做的敏感性分析见表 11-6。其中，r 是资本成本，代表股东投资所要求的收益率；g 是永续增长率，代表公司持续经营下剩余收益每年的增长率。

表 11-6　**估值敏感性分析**

敏感性分析	g=0%	g=1%	g=2%	g=3%	g=4%	g=5%
r+1.5%	24.05	26.33	29.37	33.64	40.06	50.79
r+1%	25.83	28.55	32.27	37.64	46.11	61.43
r+0.5%	27.88	31.15	35.75	42.66	54.21	77.48
r	30.24	34.23	40.01	49.12	65.59	104.43
r−0.5%	32.99	37.93	45.35	57.76	82.74	159.09
r−1%	36.26	42.46	52.23	69.9	111.55	329.29
r−1.5%	40.19	48.14	61.43	88.2	169.98	−5840.06

该公司目前股价为 27.88 元/股，位于合理估值区间。

（此报告于 2018 年 8 月 17 日生成）

第12章　掌趣科技：资本运作的背后

12.1　公司简介

北京掌趣科技股份有限公司成立于 2004 年 8 月。2012 年 5 月，该公司在深圳证券交易所创业板上市，股票代码为 300315.SZ。掌趣科技是中国领先的移动终端游戏开发商、发行商和运营商，主营业务包括移动终端游戏、互联网页面游戏及产品开发、代理发行和运营维护。2017 年，掌趣科技主营业务收入构成如图 12-1 所示，其中，移动终端游戏占比最大，达到 89.72%，互联网页面游戏占比 8.17%。

掌趣科技在“内生增长”的基础上，注重“外延发展”，持续投资和收购有发展潜力的公司和团队。该公司近年来的一系列并购重组业务情况见表 12-1，其先后并购了动网先锋、玩蟹科技、上游信息、天马时空等企业，并对 Unity Software Inc.、欢瑞世纪进行战略投资。通过内生加外延的整合、协同作用，掌趣科技的手游及页游产品全面覆盖了卡牌、重度 ARPG、休闲、竞速、射击、体育等主流游戏类型，成为行业

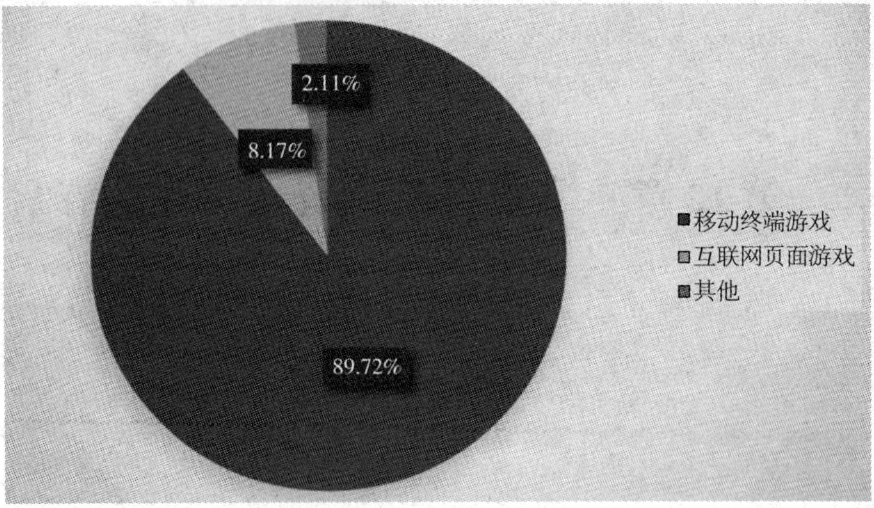

图 12-1 掌趣科技主营业务收入构成

数据来源：掌趣科技公司年报。

内成熟的游戏研发商、发行商。

表 12-1 **掌趣科技并购事件一览表**

首次披露日	交易标的	交易总价值（万元）	最新进度
2016-03-09	Webzen Inc.19.24%股权	110 142.00	董事会预案
2016-01-16	国金天吉 74.25% 股权	30 294.00	股东大会通过
2015-11-04	大神圈 15.14% 股权	5 100.00	董事会预案
2015-02-16	天马时空 80% 股权，上游信息 30% 股权	304 124.00	完成
2014-03-05	欢瑞世纪 4.67% 股权	12 800.00	股东大会通过
2013-10-16	玩蟹科技 100% 股权，上游信息 70% 股权	255 300.00	完成
2013-02-05	动网先锋 100% 股权	81 009.00	完成

12.2 公司特点

12.2.1 产品

如表 12-2 所示，掌趣科技 2014—2017 年的毛利率分别为 59.04%

(2017 年)、56.05%(2016 年)、61.34%(2015 年)、61.81%(2014 年)，在行业中排名第 15 位(2017 年)、第 20 位(2016 年)、第 16 位(2015 年)、第 16 位(2014 年)，说明 2017 年公司的产品竞争力较强(如图 12-2 所示)。

表 12-2　**公司产品竞争力分析**

年份	2014年	2015年	2016年	2017年
毛利率	61.81%	61.34%	56.05%	59.04%
行业排名	16/106	16/106	20/106	15/106
季度	2017年Q2	2017年Q3	2017年Q4	2018年Q1
毛利率	60.00%	58.63%	55.21%	57.35%
行业排名	15/106	16/106	15/106	18/106

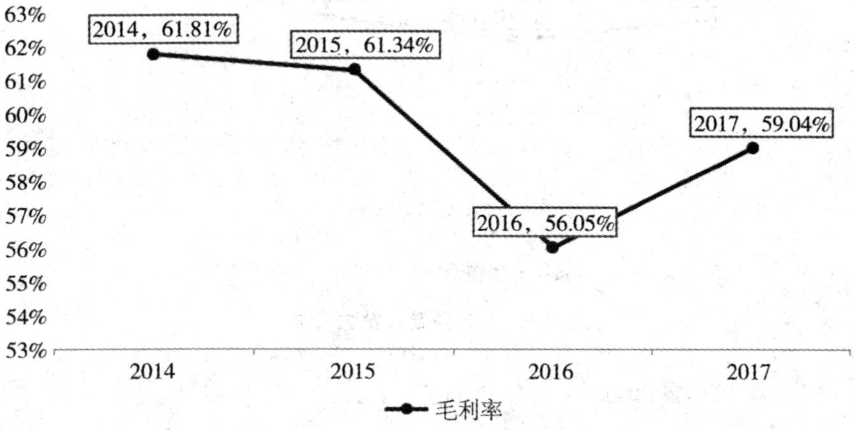

图 12-2　公司产品竞争力分析

12.2.2　管理

如表 12-3 所示，掌趣科技 2014—2017 年销售费用和管理费用占毛利润的比重分别为 50.18%(2017 年)、35.73%(2016 年)、31.00%(2015 年)、34.90%(2014 年)，在行业中排名第 17 位(2017 年)、第 6 位(2016 年)、第 5 位(2015 年)、第 3 位(2014 年)，说明 2017 年公司的管理能力在该行业中表现不错(如图 12-3 所示)。

表 12-3　　公司管理能力分析

年份	2014年	2015年	2016年	2017年
（销售费用+管理费用）/毛利润	34.90%	31.00%	35.73%	50.18%
行业排名	3/106	5/106	6/106	17/106
季度	2017年Q2	2017年Q3	2017年Q4	2018年Q1
（销售费用+管理费用）/毛利润	52.13%	48.08%	72.37%	43.3%
行业排名	29/106	12/106	61/106	8/106

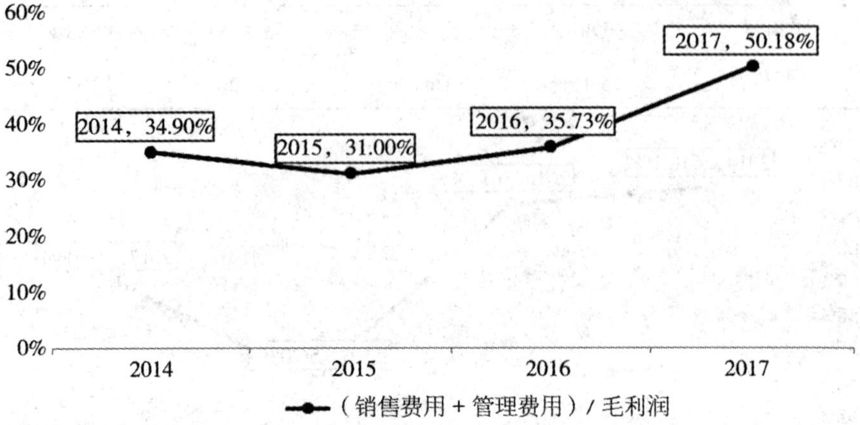

图 12-3　公司管理能力分析

12.2.3　增长

如表 12-4 所示，掌趣科技 2015—2017 年的营业收入增长率分别为-4.32%（2017 年）、65.18%（2016 年）、44.52%（2015 年），在行业中排名第 84 位（2017 年）、第 15 位（2016 年）、第 16 位（2015 年），说明 2017 年公司的营收增长比行业慢。掌趣科技 2015—2017 年的基本每股收益分别为 0.10（2017 年）、0.18（2016 年）、0.19（2015 年），增长率分别为-44.44%（2017 年）、-5.26%（2016 年）、-29.63%（2015 年），在行业中排名第 71 位（2017 年）、第 44 位（2016 年）、第 66 位（2015 年），说明 2017 年公司的收益增长比行业慢（如图 12-4 所示）。

表 12-4 **公司增长分析**

年份	2015年	2016年	2017年
营业收入的增长（环比）	44.52%	65.18%	-4.32%
行业排名	16/106	15/106	84/106
每股收益的增长（环比）	-29.63%	-5.26%	-44.44%
行业排名	66/106	44/106	71/106
季度	2017年Q2	2017年Q3	2017年Q4
营业收入的增长（同比）	-17.04%	12.72%	-2.00%
行业排名	92/106	50/106	77/106
每股收益的增长（同比）	-42.86%	-20.00%	100%
行业排名	73/106	64/106	12/106

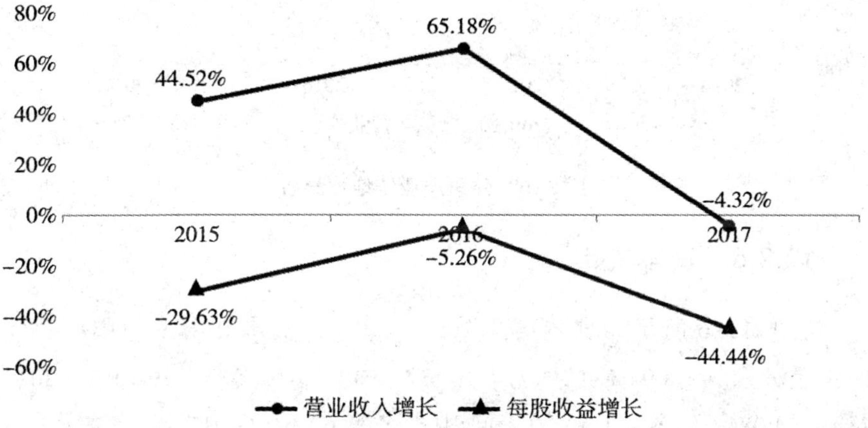

图 12-4 公司增长分析

12.2.4 产业链地位

如表 12-5 所示，掌趣科技 2014—2017 年的应收账款占营业收入的比重分别为 15.54%（2017 年）、16.86%（2016 年）、23.30%（2015 年）、9.97%（2014 年），在行业中排名第 25 位（2017 年）、第 28 位（2016 年）、第 52 位（2015 年）、第 14 位（2014 年），说明 2017 年公司在产业链中的地位一般（如图 12-5 所示）。

表 12-5 公司产业链地位分析

年份	2014年	2015年	2016年	2017年
应收账款/营业收入	9.97%	23.30%	16.86%	15.54%
行业排名	14/106	52/106	28/106	25/106
季度	2017年Q2	2017年Q3	2017年Q4	2018年Q1
应收账款/营业收入	97.30%	60.62%	56.24%	53.21%
行业排名	42/106	17/106	29/106	12/106

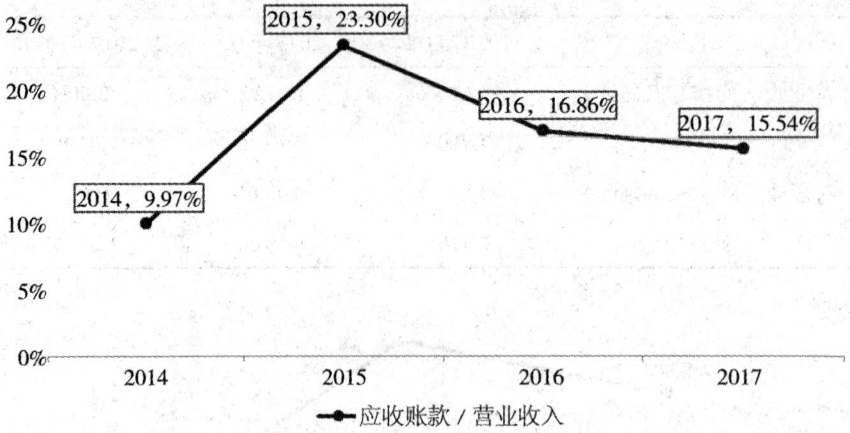

图 12-5 公司产业链地位分析

12.2.5 资本支出

如表 12-6 所示，掌趣科技 2014—2017 年资本支出占归属净利润的比重分别为 68.94%（2017 年）、37.13%（2016 年）、39.15%（2015 年）、54.08%（2014 年），在行业中排名第 62 位（2017 年）、第 47 位（2016 年）、第 48 位（2015 年）、第 59 位（2014 年），说明 2017 年公司依赖资本支出保持竞争力的程度较高（如图 12-6 所示）。

表 12-6 公司资本支出分析

年份	2014年	2015年	2016年	2017年
资本支出/归属净利润	54.08%	39.15%	37.13%	68.94%
行业排名	59/106	48/106	47/106	62/106
季度	2017年Q2	2017年Q3	2017年Q4	2018年Q1
资本支出/归属净利润	91.30%	36.78%	4.61%	23.74%
行业排名	75/106	53/106	13/106	37/106

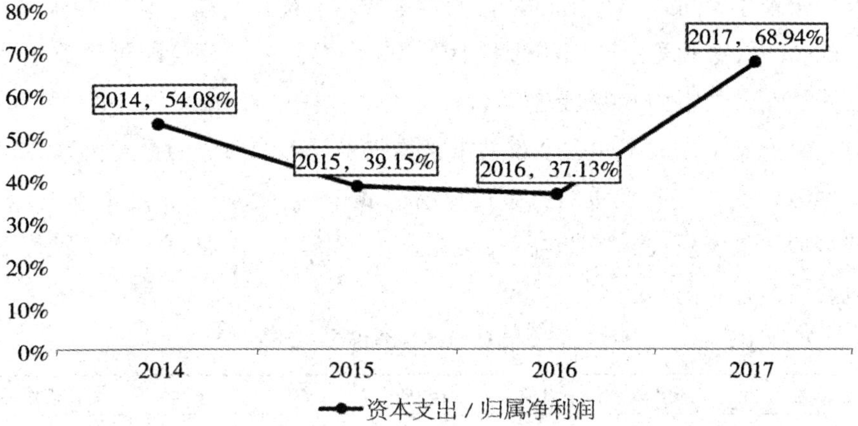

图 12-6　公司资本支出分析

综上所述，该公司的产品竞争力较强，公司的管理能力在该行业中表现不错，公司的营收增长比行业慢，公司的收益增长比行业慢，公司在产业链中的地位一般，公司依赖资本支出保持竞争力的程度较高（如图 12-7 所示）。

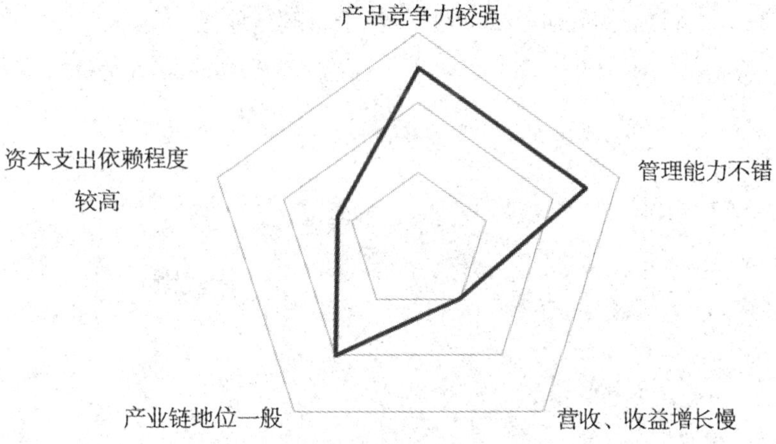

图 12-7　综合分析雷达图

12.3　公司估值

采用剩余收益模型对该公司进行估值。首先，运用 CAPM（资本资产定价模型）可以计算出该公司的资本成本。然后，基于该公司未来 3 年的 EPS（每股盈余）预测值和 DPS（每股分红）预测值即可计算出该公司的正常估值为 6.02 元/股。

考虑到资本成本和剩余收益未来增长率是影响估值的重要因素，根据两者的变化，我们做的敏感性分析见表 12-7。其中，r 是资本成本，代表股东投资所要求的收益率；g 是永续增长率，代表公司持续经营下剩余收益每年的增长率。

表 12-7 **估值敏感性分析**

敏感性分析	g=0%	g=1%	g=2%	g=3%	g=4%	g=5%
r+1.5%	4.49	4.67	4.92	5.25	5.75	6.58
r+1%	4.81	5.05	5.38	5.85	6.58	7.88
r+0.5%	5.18	5.5	5.94	6.59	7.68	9.8
r	5.61	6.02	6.62	7.55	9.19	12.92
r−0.5%	6.1	6.65	7.46	8.81	11.44	18.94
r−1%	6.69	7.41	8.55	10.56	15.11	35.29
r−1.5%	7.39	8.37	9.98	13.15	22.18	248.61

该公司目前股价为 4.22 元/股，位于合理估值区间。

（此报告于 2018 年 8 月 17 日生成）

第13章　东方财富：流量变现的互联网券商

13.1　公司简介

东方财富信息股份有限公司成立于2005年1月，于2010年3月19日上市，股票代码300059.SZ。

东方财富在国内的互联网金融服务运营商中排名领先，以“东方财富网”为核心产品。东方财富集成了互联网财经门户平台、金融电子商务平台、金融终端平台及移动端平台，向大量用户提供基于网络平台应用的产品和服务。以“东方财富网”为核心的互联网金融服务平台已成为我国用户数量最多、用户黏性最高的互联网金融服务平台之一，其“天天基金网”和“股吧”在各自的细分领域中处于市场领先地位，形成了东方财富的核心竞争力。

2015年，东方财富收购同信证券，此后新增证券业务，意在抓住互联网金融发展的机遇，利用自身的流量优势，进军互联网券商领域。

目前，东方财富主要业务有证券业务、金融电子商务服务业务、金融数据服务业务及互联网广告服务业务等。其中，证券业务是指东方财富开展的证券经纪、证券自营、财务顾问、证券资产管理、融资融券、证券承销与保荐等业务；金融电子商务服务业务主要为“天天基金网”基金第三方销售服务；金融数据服务业务是指“东方财富网”提供的实时数据分析和金融信息服务；互联网广告服务业务主要是“东方财富网”页面上提供的广告服务。从东方财富 2017 年的年报可见，公司的证券业务后来居上，已经占据总营收的 50% 以上；基金第三方销售服务占到总营收的 30% 以上，金融数据服务和广告服务占比合计在 10% 左右（如图 13-1 所示）。

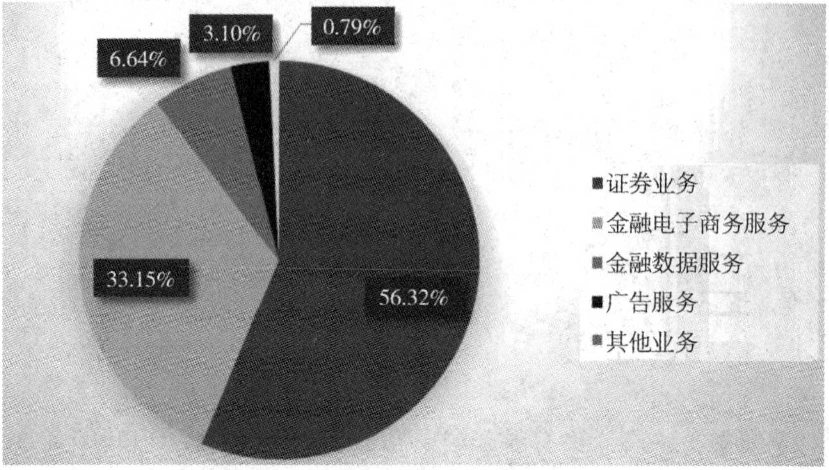

图 13-1 东方财富主营业务收入构成

数据来源：东方财富公司年报。

13.2 公司特点

13.2.1 产品

如表 13-1 所示，东方财富 2014—2017 年的毛利率分别为 64.23%（2017 年）、73.08%（2016 年）、88.47%（2015 年）、75.65%（2014 年），分别在行业中排名第 10 位（2017 年）、第 4 位（2016 年）、第 2

位（2015 年）、第 6 位（2014 年），说明 2017 年公司的产品竞争力强，有一定的定价权（如图 13-2 所示）。

表 13-1　　公司产品竞争力分析

年份	2014 年	2015 年	2016 年	2017 年
毛利率	75.65%	88.47%	73.08%	64.23%
行业排名	6/106	2/106	4/106	10/106
季度	2017 年 Q2	2017 年 Q3	2017 年 Q4	2018 年 Q1
毛利率	58.74%	56.25%	79.75%	73.02%
行业排名	17/106	18/106	5/106	6/106

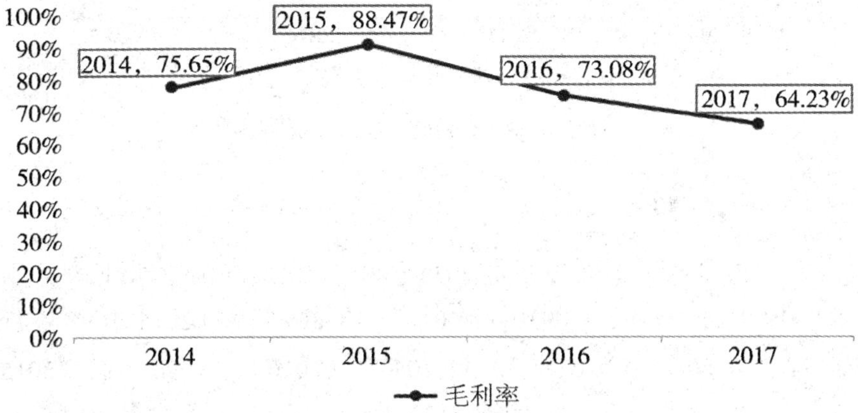

图 13-2　公司产品竞争力分析

13.2.2　管理

如表 13-2 所示，东方财富 2014—2017 年销售费用和管理费用占毛利润的比重分别为 223.84%（2017 年）、156.90%（2016 年）、24.01%（2015 年）、64.58%（2014 年），在行业中排名第 102 位（2017 年）、第 98 位（2016 年）、第 1 位（2015 年）、第 50 位（2014 年），说明 2017 年公司的管理能力在该行业中有待提高（如图 13-3 所示）。

表 13-2　　公司管理能力分析

年份	2014 年	2015 年	2016 年	2017 年
（销售费用+管理费用）/毛利润	64.58%	24.01%	156.90%	223.84%
行业排名	50/106	1/106	98/106	102/106
季度	2017 年 Q2	2017 年 Q3	2017 年 Q4	2018 年 Q1
（销售费用+管理费用）/毛利润	238.10%	225.36%	198.08%	139.27%
行业排名	103/106	100/106	101/106	94/106

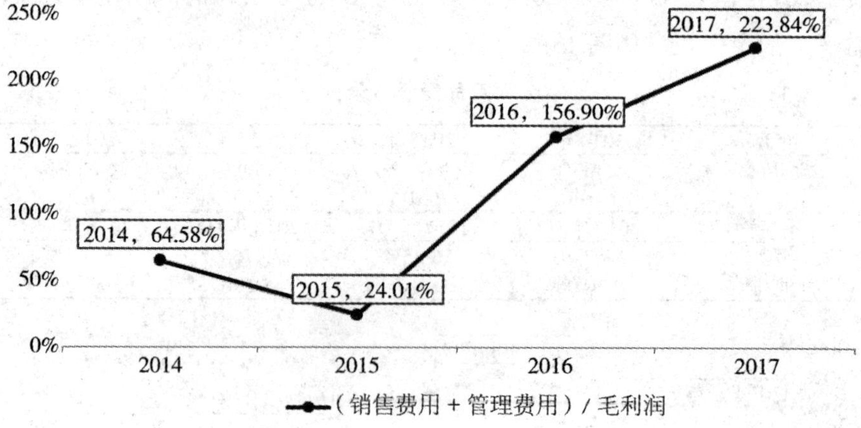

图 13-3 公司管理能力分析

13.2.3 增长

如表 13-3 所示，东方财富 2015—2017 年的营业收入增长率分别为-7.50%（2017 年）、-57.30%（2016 年）、359.15%（2015 年），在行业中排名第 89 位（2017 年）、第 104 位（2016 年）、第 2 位（2015 年），说明 2017 年公司的营收增长比行业慢。东方财富 2015—2017 年的基本每股收益分别为 0.15（2017 年）、0.21（2016 年）、1.09（2015 年），增长率分别为-27.73%（2017 年）、-81.10%（2016 年）、695.40%（2015 年），在行业中排名第 60 位（2017 年）、第 90 位（2016 年）、第 2 位（2015 年），说明 2017 年公司的收益增长比行业慢（如图 13-4 所示）。

表 13-3 公司增长分析

年份	2015 年	2016 年	2017 年
营业收入的增长（环比）	359.15%	-57.30%	-7.50%
行业排名	2/106	104/106	89/106
每股收益的增长（环比）	695.40%	-81.10%	-27.73%
行业排名	2/106	90/106	60/106
季度	2017 年 Q2	2017 年 Q3	2017 年 Q4
营业收入的增长（同比）	0%	3.6%	29.10%
行业排名	67/106	66/106	27/106
每股收益的增长（同比）	-49.63%	0%	30.22%
行业排名	80/106	44/106	26/106

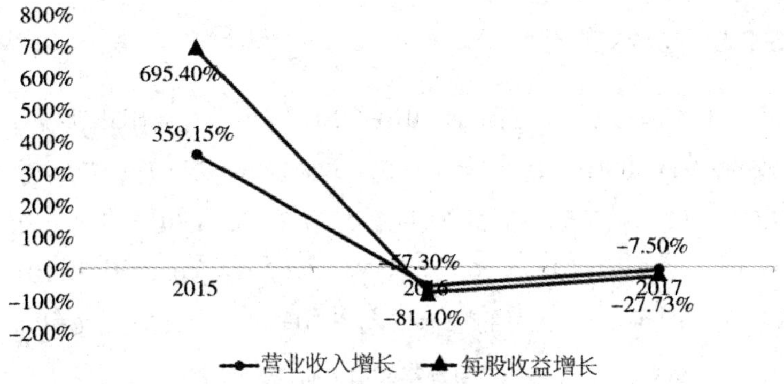

图 13-4 公司增长分析

13.2.4 产业链地位

如表 13-4 所示，东方财富 2014—2017 年应收账款占营业收入的比重分别为 29.64%（2017 年）、23.08%（2016 年）、11.67%（2015 年）、16.99%（2014 年），在行业中排名第 56 位（2017 年）、第 47 位（2016 年）、第 22 位（2015 年）、第 37 位（2014 年），说明 2017 年公司在产业链中的地位不高（如图 13-5 所示）。

表 13-4 公司产业链地位分析

年份	2014年	2015年	2016年	2017年
应收账款/营业收入	16.99%	11.67%	23.08%	29.64%
行业排名	37/106	22/106	47/106	56/106
季度	2017年Q2	2017年Q3	2017年Q4	2018年Q1
应收账款/营业收入	126.97%	110.76%	95.09%	106.54%
行业排名	58/106	46/106	63/106	43/106

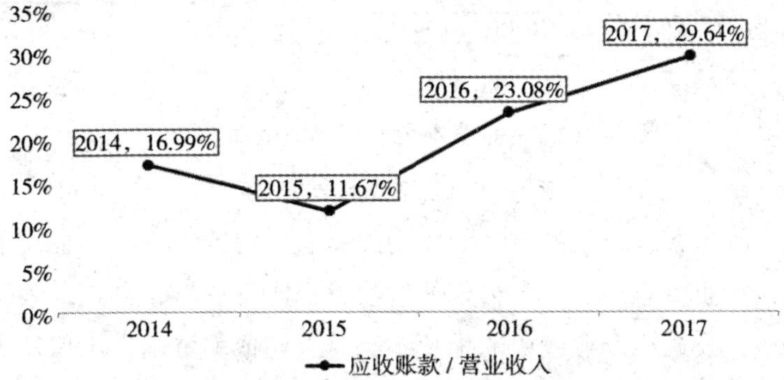

图 13-5 公司产业链地位分析

13.2.5 资本支出

如表 13-5 所示，东方财富 2014—2017 年资本支出占归属净利润的比重分别为 39.09%（2017 年）、229.69%（2016 年）、10.59%（2015 年）、7.80%（2014 年），在行业中排名第 38 位（2017 年）、第 84 位（2016 年）、第 18 位（2015 年）、第 19 位（2014 年），说明 2017 年公司依赖资本支出保持竞争力的程度在行业中较低（如图 13-6 所示）。

表 13-5 **公司资本支出分析**

年份	2014 年	2015 年	2016 年	2017 年
资本支出/归属净利润	7.80%	10.59%	229.69%	39.09%
行业排名	19/106	18/106	84/106	38/106
季度	2017 年 Q2	2017 年 Q3	2017 年 Q4	2018 年 Q1
资本支出/归属净利润	48.40%	29.08%	33.73%	42.19%
行业排名	60/106	48/106	43/106	43/106

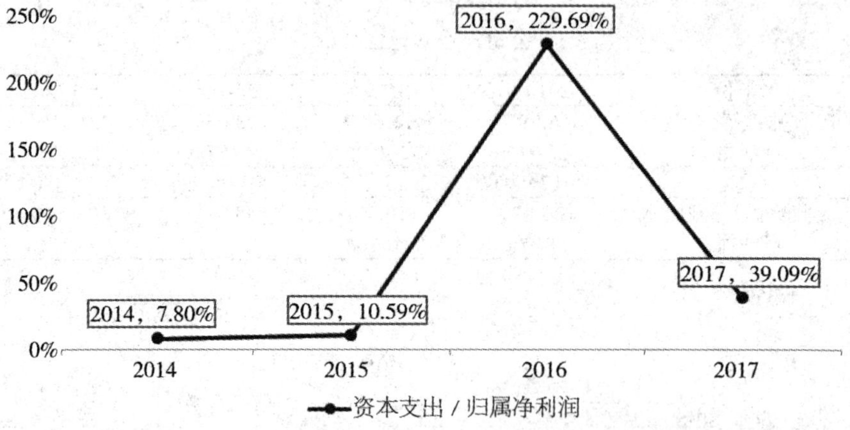

图 13-6 公司资本支出分析

综上所述，该公司的产品竞争力强，有一定的定价权，公司的管理能力在该行业中有待提高，公司的营收增长比行业慢，公司的收益增长比行业慢，公司在产业链中的地位不高，公司依赖资本支出保持竞争力的程度较低（如图 13-7 所示）。

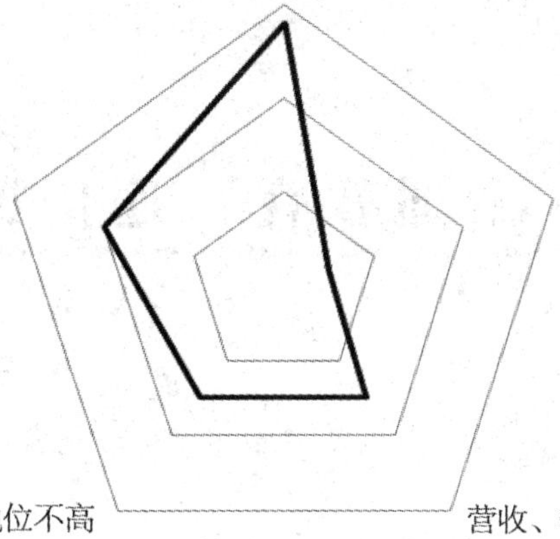

图 13-7 综合分析雷达图

13.3 公司估值

采用剩余收益模型对该公司进行估值。首先，运用 CAPM（资本资产定价模型）可以计算出该公司的资本成本。然后，基于该公司未来 3 年的 EPS（每股盈余）预测值和 DPS（每股分红）预测值即可计算出该公司的正常估值为 4.49 元/股。

考虑到资本成本和剩余收益未来增长率是影响估值的重要因素，根据两者的变化，我们做的敏感性分析见表 13-6。其中，r 是资本成本，代表股东投资所要求的收益率；g 是永续增长率，代表公司持续经营下剩余收益每年的增长率。

表 13-6 **估值敏感性分析**

敏感性分析	g=0%	g=1%	g=2%	g=3%	g=4%	g=5%
r+1.5%	3.61	3.68	3.78	3.9	4.05	4.25
r+1%	3.8	3.9	4.02	4.18	4.38	4.65
r+0.5%	4.01	4.14	4.29	4.49	4.76	5.13
r	4.25	4.4	4.6	4.86	5.21	5.71
r−0.5%	4.51	4.7	4.95	5.29	5.75	6.43
r−1%	4.8	5.04	5.36	5.79	6.4	7.36
r−1.5%	5.13	5.43	5.83	6.39	7.22	8.58

该公司目前股价为 12.95 元/股，高于机器人正常估值。

（此报告于 2018 年 8 月 17 日生成）

第14章　全通教育：连接课堂内外的革新者

14.1　公司简介

全通教育集团（广东）股份有限公司成立于 2005 年 6 月 9 日，于 2014 年 1 月 21 日在深圳证券交易所创业板上市，股票代码 300359.SZ。

全通教育主要提供立足校园和面向家庭的教育信息服务，聚焦中国 K12 基础教育领域的网络应用和信息服务运营。2017 年，全通教育实现营业收入 10.31 亿元，较上年同期增长 5.52%。全通教育综合利用移动通信及互联网技术与基础运营商开展合作，为中小学（幼儿园）及学生家长提供高效、即时和便捷的沟通互动功能，以互联网平台汇聚大量用户；围绕学校的应用场景，以多点应用工具系统地服务校园，实现平台引流；通过个性化内容和功能服务于家庭，致力于打造全通教育服务生态圈。目前，全通教育业务已覆盖 31 个省、自治区、直辖市，140 多个地级市，服务覆盖全国超过 4 500 万个家庭，与近 6.5 万所中小学

（幼儿园）建立了多场景的服务合作关系，这一规模在中国 K12 基础教育领域服务运营机构中名列前茅。全通教育主营业务收入构成如图 14-1 所示。

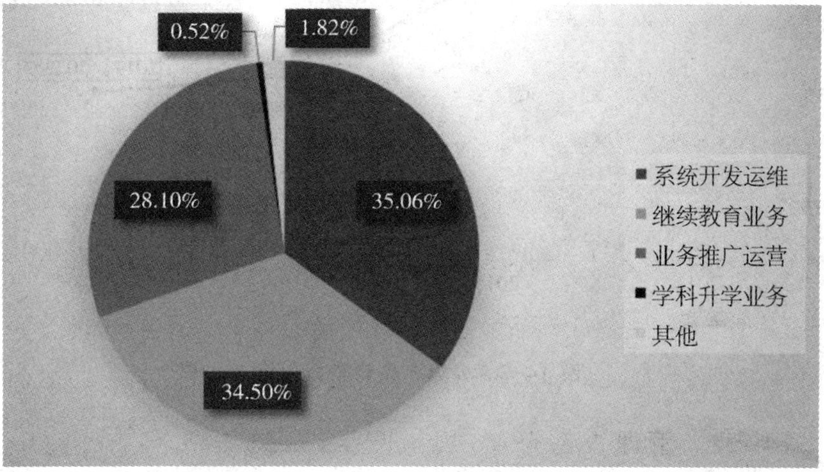

图 14-1 全通教育主营业务收入构成

数据来源：全通教育公司年报。

14.2 公司特点

14.2.1 产品

如表 14-1 所示，全通教育 2014—2017 年的毛利率分别为 30.29%（2017 年）、33.27%（2016 年）、51.71%（2015 年）、48.19%（2014 年），在行业中排名第 13 位（2017 年）、第 10 位（2016 年）、第 4 位（2015 年）、第 4 位（2014 年），说明 2017 年公司的产品竞争力一般（如图 14-2 所示）。

表 14-1 **公司产品竞争力分析**

年份	2014年	2015年	2016年	2017年
毛利率	48.19%	51.71%	33.27%	30.29%
行业排名	4/29	4/29	10/29	13/29
季度	2017年Q2	2017年Q3	2017年Q4	2018年Q1
毛利率	20.72%	33.62%	37.78%	36.53%
行业排名	20/29	8/29	7/29	9/29

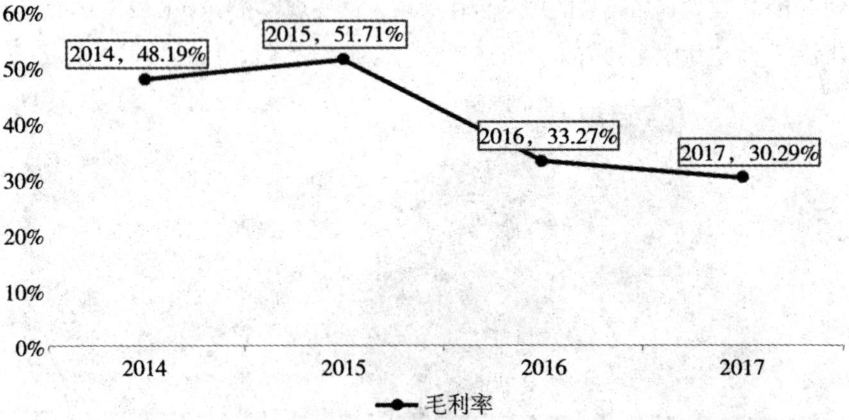

图 14-2 公司产品竞争力分析

14.2.2 管理

如表 14-2 所示，全通教育 2014—2017 年销售费用和管理费用占毛利润的比重分别为 53.34%（2017 年）、49.98%（2016 年）、38.93%（2015 年）、46.49%（2014 年），在行业中排名第 4 位（2017 年）、第 4 位（2016 年）、第 2 位（2015 年）、第 5 位（2014 年），说明 2017 年公司的管理能力在该行业中表现不错（如图 14-3 所示）。

表 14-2 公司管理能力分析

年份	2014年	2015年	2016年	2017年
（销售费用+管理费用）/毛利润	46.49%	38.93%	49.98%	53.34%
行业排名	5/29	2/29	4/29	4/29
季度	2017年Q2	2017年Q3	2017年Q4	2018年Q1
（销售费用+管理费用）/毛利润	118.11%	56%	12.11%	55.51%
行业排名	25/29	12/29	2/29	6/29

14.2.3 增长

如表 14-3 所示，全通教育 2015—2017 年的营业收入增长率分别为 5.42%（2017 年）、122.55%（2016 年）、127.46%（2015 年），在行业中排名第 21 位（2017 年）、第 2 位（2016 年）、第 2 位（2015 年），说明 2017 年公司的营收增长比行业慢。全通教育 2015—2017 年的基本

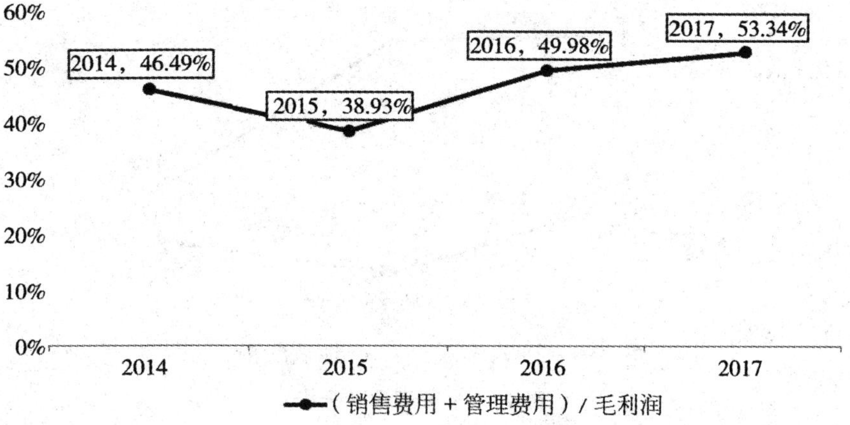

图 14-3　公司管理能力分析

每股收益分别为 0.10（2017 年）、0.16（2016 年）、-0.43（2015 年），增长率分别为-37.50%（2017 年）、-62.79%（2016 年）、-6.52%（2015 年），在行业中排名第 23 位（2017 年）、第 25 位（2016 年）、第 11 位（2015 年），说明 2017 年公司的收益增长比行业慢（如图 14-4 所示）。

表 14-3　**公司增长分析**

年份	2015年	2016年	2017年
营业收入的增长（环比）	127.46%	122.55%	5.42%
行业排名	2/29	2/29	21/29
每股收益的增长（环比）	-6.52%	-62.79%	-37.50%
行业排名	11/29	25/29	23/29
季度	2017年Q2	2017年Q3	2017年Q4
营业收入的增长（同比）	2.78%	5.86%	1.15%
行业排名	21/29	20/29	19/29
每股收益的增长（同比）	-150.28%	102.02%	14.08%
行业排名	26/29	3/29	7/29

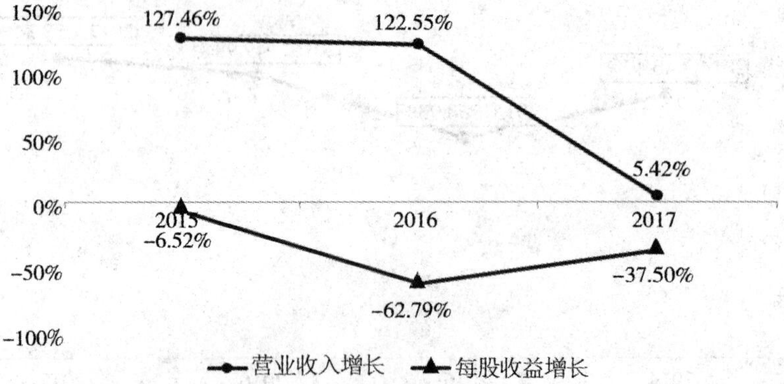

图 14-4 公司增长分析

14.2.4 产业链地位

如表 14-4 所示，全通教育 2014—2017 年的应收账款占营业收入的比重分别为 50.58%（2017 年）、37.15%（2016 年）、33.49%（2015 年）、31.63%（2014 年），在行业中排名第 28 位（2017 年）、第 26 位（2016 年）、第 24 位（2015 年）、第 24 位（2014 年），说明 2017 年公司在产业链中的地位很低（如图 14-5 所示）。

表 14-4 公司产业链地位分析

年份	2014 年	2015 年	2016 年	2017 年
应收账款/营业收入	31.63%	33.49%	37.15%	50.58%
行业排名	24/29	24/29	26/29	28/29
季度	2017 年 Q2	2017 年 Q3	2017 年 Q4	2018 年 Q1
应收账款/营业收入	213.96%	226.38%	148.01%	259.88%
行业排名	27/29	28/29	26/29	27/29

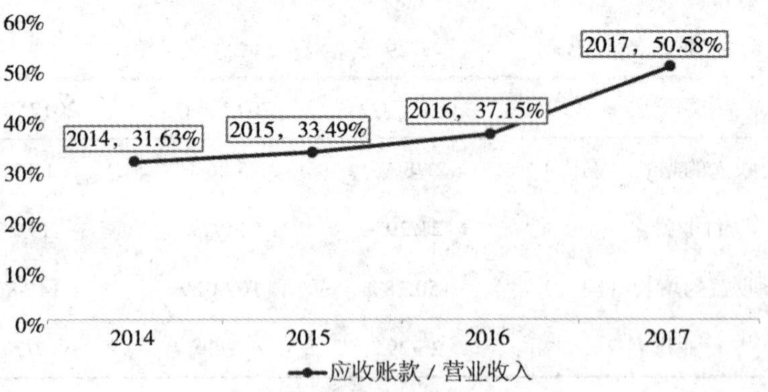

图 14-5 公司产业链地位分析

14.2.5 资本支出

如表 14-5 所示，全通教育 2014—2017 年资本支出占归属净利润的比重分别为 76.32%（2017 年）、36.63%（2016 年）、51.59%（2015 年）、16.98%（2014 年），在行业中排名第 16 位（2017 年）、第 12 位（2016 年）、第 11 位（2015 年）、第 5 位（2014 年），说明 2017 年公司依赖资本支出保持竞争力的程度较高（如图 14-6 所示）。

表 14-5　　　　　　　　**公司资本支出分析**

年份	2014年	2015年	2016年	2017年
资本支出/归属净利润	16.98%	51.59%	36.63%	76.32%
行业排名	5/29	11/29	12/29	16/29
季度	2017年Q2	2017年Q3	2017年Q4	2018年Q1
资本支出/归属净利润	-53.45%	16.36%	57.61%	35.03%
行业排名	26/29	7/29	9/29	9/29

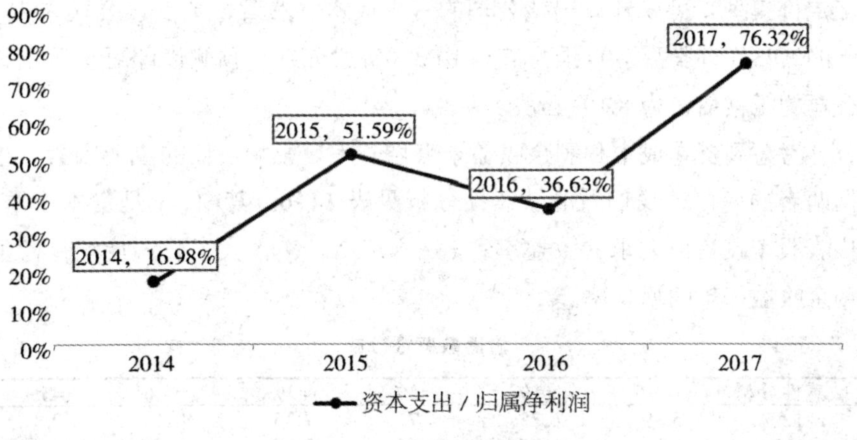

图 14-6　公司资本支出分析

综上所述，该公司的产品竞争力一般，公司的管理能力在该行业中表现不错，公司的营收增长比行业慢，公司的收益增长比行业慢，公司在产业链中的地位很低，公司依赖资本支出保持竞争力的程度较高（如图 14-7 所示）。

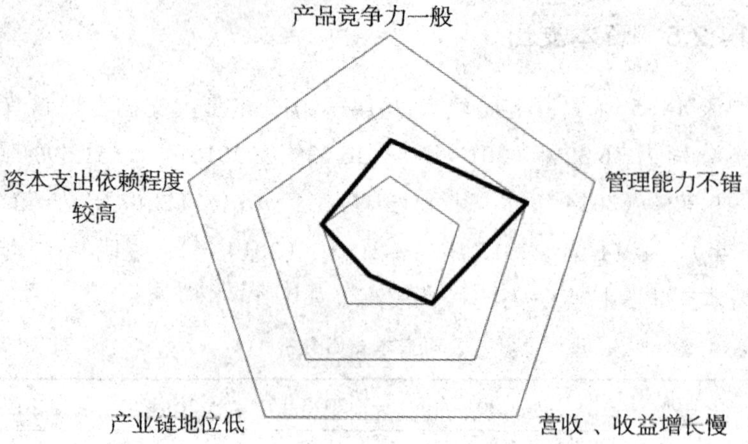

图 14-7 综合分析雷达图

14.3 公司估值

采用剩余收益模型对该公司进行估值。首先，运用 CAPM（资本资产定价模型）可以计算出该公司的资本成本。然后，基于该公司未来 3 年的 EPS（每股盈余）预测值和 DPS（每股分红）预测值即可计算出该公司的正常估值为 8.19 元/股。

考虑到资本成本和剩余收益未来增长率是影响估值的重要因素，根据两者的变化，我们做的敏感性分析见表 14-6。其中，r 是资本成本，代表股东投资所要求的收益率；g 是永续增长率，代表公司持续经营下剩余收益每年的增长率。

表 14-6 **估值敏感性分析**

敏感性分析	g=0%	g=1%	g=2%	g=3%	g=4%	g=5%
r+1.5%	5.89	6.25	6.71	7.36	8.29	9.8
r+1%	6.31	6.75	7.33	8.16	9.43	11.59
r+0.5%	6.78	7.33	8.07	9.16	10.91	14.16
r	7.33	8	8.96	10.42	12.91	18.14
r−0.5%	7.96	8.81	10.06	12.06	15.78	25.12
r−1%	8.7	9.79	11.44	14.28	20.22	40.61
r−1.5%	9.58	10.99	13.25	17.45	28.02	104.16

该公司目前股价为 7.26 元/股，位于合理估值区间。

（此报告于 2018 年 8 月 17 日生成）

第 15 章　乐视网：乐视是一家好公司吗？

15.1　公司简介

乐视网信息技术（北京）股份有限公司成立于 2004 年 11 月，创始人为贾跃亭。它是该行业全球首家上市公司，也是中国 A 股上市的第一家视频公司。

该公司致力于打造基于视频产业、内容产业和智能终端的生态系统，形成由“平台+内容+终端+应用”构成的完整生态链条。乐视网影视版权库收录了超过 10 万集电视剧和 5 000 多部电影，并加速向自制、体育、综艺、音乐、动漫等领域发展。乐视网主要从事的业务有基于整个网络视频行业的广告业务（视频平台广告业务）、终端业务（公司销售的智能终端产品）、会员及发行业务（包括付费业务、版权业务和电视剧发行业务）和其他业务（目前规模和收入相对较小的业务，如云视频平台业务、技术开发服务等）。2017 年，乐视网主营业务收入构成如图 15-1 所示，可见终端业务和付费业务占较大比重。

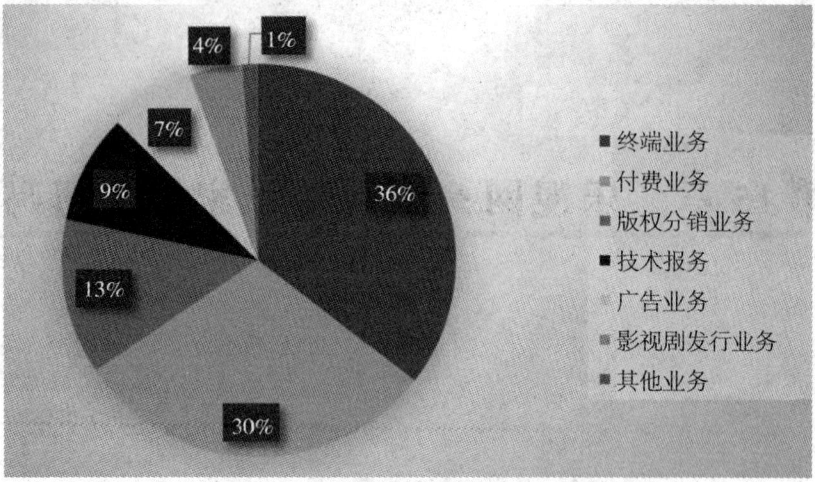

图 15-1 乐视网主营业务收入构成

数据来源：乐视网公司年报。

2016 年以来，乐视网通过向贾跃亭先生控制的关联方销售货物、提供服务等经营业务及代垫费用等资金往来方式形成了大量关联性的应收和预付款项。截至 2018 年，大部分关联应收款项尚未收回，一方面，导致乐视网无法支付对上游供应商的大量欠款，产生大量债务违约和诉讼问题；另一方面，关联欠款导致公司现金流极度紧张，同时使公司陷于严重的负面舆论旋涡中，公司经营严重受阻，业务大幅下滑。2018 年上半年，乐视网的终端收入、广告业务收入、会员及发行业务收入与上年同期相比均出现明显的下滑。

15.2 公司特点

15.2.1 产品

如表 15-1 所示，乐视网 2014—2017 年的毛利率分别为-38.12%（2017 年）、17.27%（2016 年）、14.62%（2015 年）、14.52%（2014 年），在行业中排名第 89 位（2017 年）、第 80 位（2016 年）、第 82 位（2015 年）、第 81 位（2014 年），说明 2017 年公司的产品没有竞争力

（如图15-2所示）。

表15-1　　公司产品竞争力分析

年份	2014年	2015年	2016年	2017年
毛利率 行业排名	14.52% 81/89	14.62% 82/89	17.27% 80/89	-38.12% 89/89
季度	2017年Q2	2017年Q3	2017年Q4	2018年Q1
毛利率 行业排名	-66.90% 89/89	-165.34% 89/89	-182.49% 89/89	-23.54% 89/89

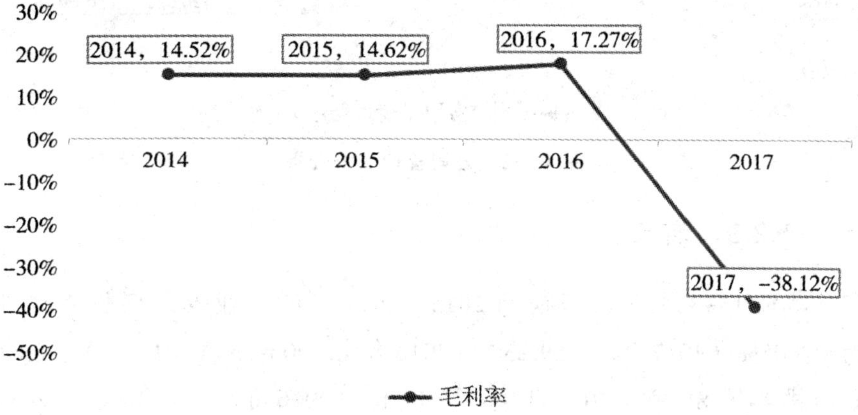

图15-2　公司产品竞争力分析

15.2.2　管理

如表15-2所示，乐视网2014—2017年销售费用和管理费用占毛利润的比重分别为-116.04%（2017年）、78.05%（2016年）、71.00%（2015年）、67.07%（2014年），在行业中排名第88位（2017年）、第74位（2016年）、第65位（2015年）、第58位（2014年），说明2017年公司的管理能力在该行业中有待提高（如图15-3所示）。

表15-2　　公司管理能力分析

年份	2014年	2015年	2016年	2017年
（销售费用+管理费用）/毛利润	67.07%	71.00%	78.05%	-116.04%
行业排名	58/89	65/89	74/89	88/89
季度	2017年Q2	2017年Q3	2017年Q4	2018年Q1
（销售费用+管理费用）/毛利润	-30.95%	-58.84%	-103.94%	-173.70%
行业排名	88/89	88/89	89/89	87/89

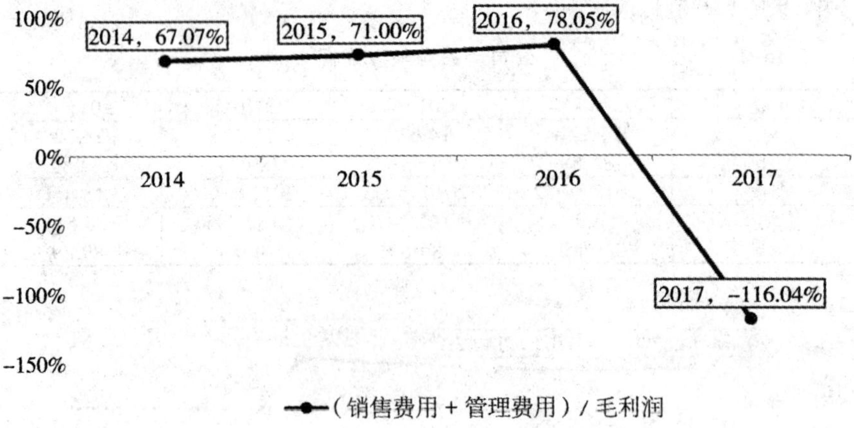

图 15-3 公司管理能力分析

15.2.3 增长

如表 15-3 所示，乐视网 2015—2017 年的营业收入增长率分别为-68.05%（2017 年）、69.23%（2016 年）、90.62%（2015 年），在行业中排名第 88 位（2017 年）、第 12 位（2016 年）、第 11 位（2015 年），说明公司的营收增长比行业慢。乐视网 2015—2017 年的基本每股收益分别为-3.48（2017 年）、0.29（2016 年）、0.31（2015 年），增长率分别为-1 300.52%（2017 年）、-6.45%（2016 年）、-29.55%（2015 年），在行业中排名第 89 位（2017 年）、第 48 位（2016 年）、第 68 位（2015 年），说明 2017 年公司的收益增长比行业慢（如图 15-4 所示）。

表 15-3 **公司增长分析**

年份	2015年	2016年	2017年
营业收入的增长（环比）	90.62%	69.23%	-68.05%
行业排名	11/89	12/89	88/89
每股收益的增长（环比）	-29.55%	-6.45%	-1 300.52%
行业排名	68/89	48/89	89/89
季度	2017年Q2	2017年Q3	2017年Q4
营业收入的增长（同比）	-73.80%	-91.76%	-82.03%
行业排名	87/89	89/89	87/89
每股收益的增长（同比）	-521.41%	-331.55%	-9 922.76%
行业排名	87/89	85/89	89/89

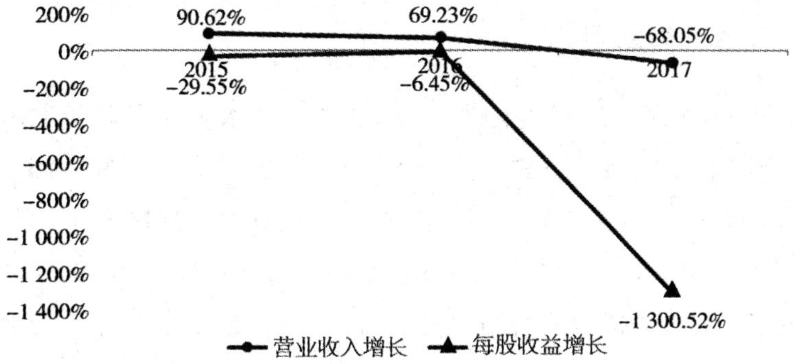

图 15-4　公司增长分析

15.2.4　产业链地位

如表 15-4 所示，乐视网 2014—2017 年应收账款占营业收入的比重分别为 51.35%（2017 年）、39.50%（2016 年）、25.85%（2015 年）、27.71%（2014 年），在行业中排名第 76 位（2017 年）、第 69 位（2016 年）、第 50 位（2015 年）、第 55 位（2014 年），说明 2017 年公司在产业链中的地位很低（如图 15-5 所示）。

表 15-4　　　　　　　**公司产业链地位分析**

年份	2014 年	2015 年	2016 年	2017 年
应收账款/营业收入	27.71%	25.85%	39.50%	51.35%
行业排名	55/89	50/89	69/89	76/89
季度	2017 年 Q2	2017 年 Q3	2017 年 Q4	2018 年 Q1
应收账款/营业收入	671.83%	1 758.12%	387.76%	832.17%
行业排名	87/89	89/89	87/89	87/89

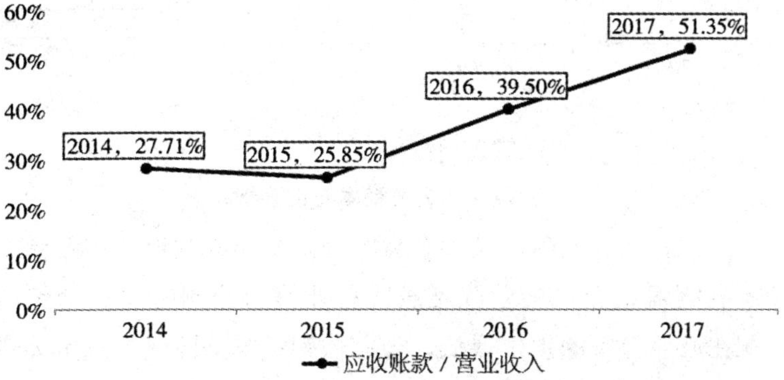

图 15-5　公司产业链地位分析

15.2.5 资本支出

如表 15-5 所示，乐视网 2014—2017 年资本支出占归属净利润的比重分别为-18.78 %（2017 年）、985.59%（2016 年）、490.40%（2015 年）、348.90%（2014 年），在行业中排名第 86 位（2017 年）、第 85 位（2016 年）、第 86 位（2015 年）、第 77 位（2014 年），说明 2017 年公司依赖资本支出保持竞争力的程度很高（如图 15-6 所示）。

表 15-5 **公司资本支出分析**

年份	2014年	2015年	2016年	2017年
资本支出/归属净利润	348.90%	490.40%	985.59%	-18.78%
行业排名	77/89	86/89	85/89	86/89
季度	2017年Q2	2017年Q3	2017年Q4	2018年Q1
资本支出/归属净利润	-48.43%	-44.65%	-1.08%	-29.09%
行业排名	88/89	84/89	77/89	81/89

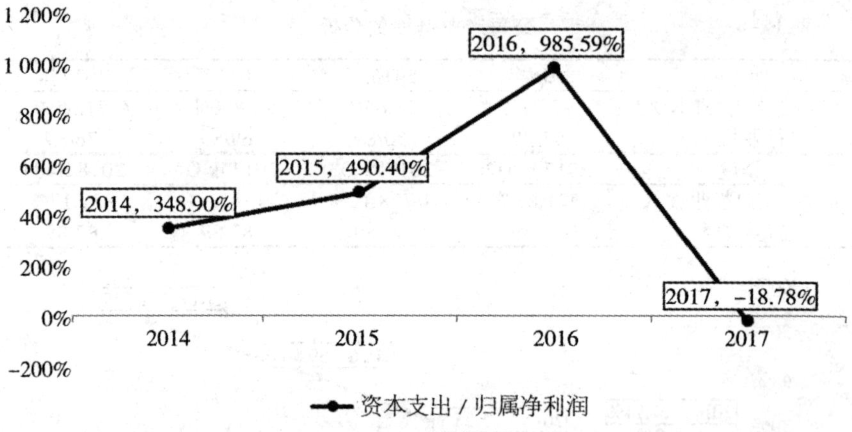

图 15-6 公司资本支出分析

综上所述，该公司的产品没有竞争力，公司的管理能力在该行业中的表现有待提高，公司的营收增长比行业慢，公司的收益增长比行业慢，公司在产业链中的地位很低，公司依赖资本支出保持竞争力的程度很高（如图 15-7 所示）。

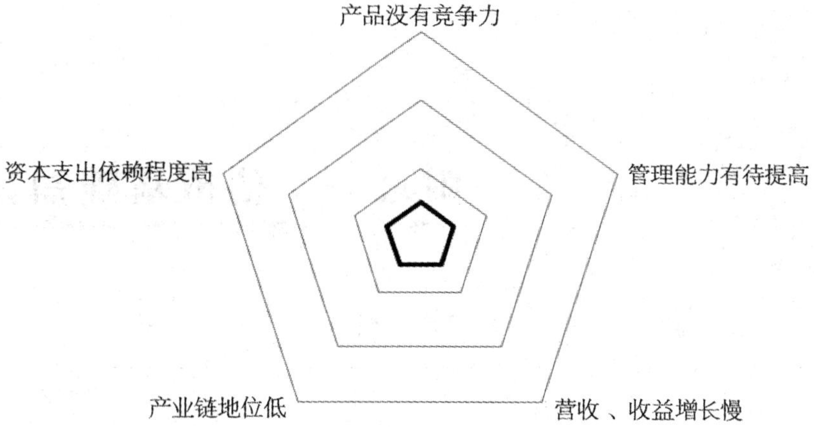

图 15-7 综合分析雷达图

15.3 公司估值

乐视网近年的财务数据反映公司经营的稳定持续性已经发生重大变化，不适用剩余收益模型的稳健性、持续性的基本原则，单纯从财务方面进行预测的意义不大。出于谨慎性原则，本模型未对乐视网给出参考估值。

附录一 估值基础知识

公司估值方法较多，主要分为相对估值法和绝对估值法，主要的估值方法见表 A-1。

表 A-1 **主要的估值方法**

公司估值方法	
相对估值模型	现金流折现模型
P/E、P/B、P/S……	FCFF、DDM、RE……

相对估值模型在评估目标企业价值时，主要是以市场上类似企业（可比企业）的市场定价为基础，并与目标企业进行对比，用可比企业的市场价值衡量目标企业的价值。其假设前提是同类型企业的市场价值与诸如利润、收入、净值等变量的比值是类似可比较的，主要包括 P/E、P/B、P/S 等。

一、P/E（市盈率模型）

基本模型为：

$$市盈率=\frac{每股市价}{每股收益}$$

目标企业每股价值=可比企业市盈率×目标企业每股收益

模型优点：市盈率数据容易获取，计算简单；市盈率反映每股市价和每股收益之间的关系，直接反映投入和回报的关系；市盈率综合性较高，涵盖了风险补偿、增长等因素的影响。

模型局限：针对收益为负的情况，该方法没有意义，所以市盈率适用于连续盈利且收益较稳定的企业。

二、P/B（市净率模型）

基本模型为：

$$市净率=\frac{每股市价}{每股净资产}$$

目标企业每股价值=可比企业市净率×目标企业每股净资产

模型优点：在盈利为负值的情况下，市净率基本为正值，可用于大多数企业；可理解性强，净资产数据易获得；账面价值较利润更加稳定，其操纵性相对于利润来说较弱。

模型局限：账面价值会受到会计政策选择的影响，在不同的会计政策下，市净率失去可比性；不适用于固定资产较少但成长很快的互联网、高科技等企业，所以市净率适用于拥有较多固定资产的企业。

三、P/S（市销率模型）

基本模型为：

$$市销率=\frac{每股市价}{每股销售收入}$$

目标企业每股价值=可比企业市销率×目标企业每股销售收入

模型优点：在没有负值的情形下，对于资不抵债或者亏损的企业同样能计算目标企业市场价值；市销率对价格政策和企业战略的变化敏感，可以反映这种变化的结果。

模型局限：成本作为影响企业现金流和企业价值的重要因素之一，理应作为企业估值的重要参考指标，而该模型无法反映成本的变化，所以市销率适用于销售成本较低的企业。

四、现金流折现模型

现金流折现模型在企业价值评估中使用较为广泛，其遵循增量现金流原则和时间价值原则，基本思想是任何资产的价值都是未来其产生的现金流按一定折现率计算的现值之和。模型为：

$$价值 = \sum_{t=1}^{n}\frac{现金流_t}{(1+资本成本)^t}$$

其中：现金流是指各期预期现金流（自由现金流、股利等）；资本成本即折现率，与风险相匹配，风险越大，则折现率越大。

依据现金流的不同类型，现金流折现模型可划分为自由现金流贴现模型（FCFF）和股利贴现模型（DDM）。它们的主要区别在于：FCFF中的资本成本是加权资本成本，计算的是整个企业实体的价值；而DDM的资本成本是股权资本成本，计算的是股权价值。

五、剩余收益模型

剩余收益是指公司的净利润与股东所要求的报酬之差。当企业赚取的净利润超过股东要求的报酬时，企业能获得正的剩余收益。

剩余收益的数学模型为：

$$RE = Earnings_t - r_E \times B_{t-1} = (ROCE_t - r_E) \times B_{t-1}$$

其中：RE是剩余收益；$Earnings_t$是第t期公司获得的净利润；r_E是股东要求的回报率；B_{t-1}是期初账面价值；$ROCE_t$是给股东的实际回报率。

$$ROCE_t = Earnings_t / B_{t-1}$$

剩余收益为$ROCE_t$超出要求的回报率r_E的部分乘以期初账面价值B_{t-1}。r_E可以利用资本资产定价模型确定：

$$r_E = r_f + \beta \times (r_M - r_f)$$

其中：r_f为无风险利率；r_M为市场收益率。

如果一个公司能持续创造正的剩余收益，即能持续获得超过股东要求的报酬的实际收益，那么这个公司的价值将会持续增长，因此，可以用剩余收益来对公司估值，数学模型如下：

$$V_0 = B_0 + \frac{RE_1}{1+r_E} + \frac{RE_2}{(1+r_E)^2} + \cdots + \frac{RE_t}{(1+r_E)^t} + \frac{V_t^E - B_t}{(1+r_E)^t}$$

内在价值=当前账面价值+剩余收益总现值+持续收益现值

其中：B_0 为当前账面价值；RE_j 为 j 期的剩余收益（j=1，2，3，…，t）；r_E 为折现因子；V_t^E 为预期第 t 期的内在价值；B_t 为第 t 期的账面价值。

附录二　如何看懂公司的财务报告

如何看懂一家公司的财务报告，从而识别公司的核心竞争力？传统的财务分析方法是从盈利能力、营运能力、偿债能力、成长能力四个方面来衡量企业的财务状况，这种方法可以用于企业内部的财务管理，帮助分析和改进企业财务状况，但对投资决策的帮助有限。其根本原因在于分析视角不同。从外部投资者的视角来看，我们提出了运用财务指标识别公司优劣的五个新维度：产品竞争力、管理、增长、产业链地位和资本支出。运用这一方法，能很快帮助投资者识别所投资的公司是好公司还是差公司。

1. 产品的竞争力，毛利率告诉你

我们通过毛利率识别公司产品的竞争力。毛利率（Gross Profit Margin）是毛利与主营业务收入的百分比，其公式为：

$$毛利率 = \frac{毛利润}{主营业务收入} \times 100\%$$

$$= \frac{主营业务收入 - 主营业务成本}{主营业务收入} \times 100\%$$

毛利率衡量公司1块钱的收入扣除成本后，有多少比例是获得的利润。产品的可持续竞争优势能够创造高毛利率，因为这种竞争优势能够让公司掌握产品的定价权，让售价远远高于产品成本。如果产品缺乏可持续竞争优势，公司只能通过降低产品和服务的价格来保持竞争力，毛利率自然会下降。

毛利率高的公司可能有以下几种：拥有特许经营权的企业，拥有知名品牌的企业，拥有市场和技术门槛的企业。以茅台为例，贵州茅台 2017 年的毛利率为 89.80%，每销售一瓶 1 000 元的茅台酒，贵州茅台便可净赚接近 900 元，这说明公司的产品竞争力强，在市场中拥有定价权。

2. 管理费用与销售费用吞噬了多少利润

如何判断一家公司的管理能力？我们通过管理费用与销售费用占公司毛利润的比重来识别。其中，管理费用包括公司经费、职工教育经费、业务招待费、无形资产摊销、咨询费、诉讼费等；销售费用包括销售商品和材料、提供劳务的过程中发生的各种费用。

一般而言，管理费用和销售费用越少的公司管理能力越好。如果它们能一直保持较低的水平，说明其管理能力较好。如果一家公司能将管理费用和销售费用占毛利润的比例保持在 30% 以下，那么其在管理能力方面便具有较大优势。

当然，也有一些具有持续竞争优势的公司不完全符合这个标准，需要结合其他指标进行分析和对比。

3. 高增长的公司，你值得拥有

找到一家净利润高、基本每股收益也很高的公司时，还要关注它是否呈现增长的态势。我们用营业收入和每股收益的增长率来体现公司的增长。增长率的计算方法为：

同比增长率=（本期水平–去年同期水平）/去年同期水平×100%

环比增长率=（本期数–上期数）/上期数×100%

如果一家公司近几年的营业收入增长率和基本每股收益增长率都是正的，在行业里能保持领先地位，那可能这是一家值得长期投资的公司。

4. 产业链地位，应收账款来识别

我们用应收账款与营业收入的比值这一指标来衡量一个公司的产业

链地位。

应收账款与营业收入的比值在一定程度上反映公司的经营模式。如果这一比值持续低于同行业竞争对手，说明这家公司的产业链地位比较高，别人都抢着要它的货，不存在赊销的情况。而产业链地位低的公司，一般只能通过赊销，先把货卖给下游，等几个月后才能收到款，要是运气不好，这个钱收不回来变成坏账，就会损害公司的利益。

5. 依赖资本支出保持竞争力的程度

资本支出占归属净利润的比重衡量公司需要从净利润中拿出多少钱投资固定资产和无形资产。我们用这一指标来判断公司是否依赖持续的资本投入来维持竞争力。

有的公司拥有很高的盈利能力，但每年需要把高额的利润甚至更多的资金投入到固定资产建设之中，例如电信从 2G 到 5G 的迭代，需要每年投入大量资金用于建设和升级基站。反观那些具有持续竞争优势的公司，如茅台，往往不需要通过依赖高额的资本投入就能够维持竞争力，这类公司是我们应重点关注的好公司。

主要参考文献

[1] BRISCOE B， ODLYZKO A， TILLY B. Metcalfe's Law is wrong [J]. IEEE Spectrum， 2006 (7)：26–31.

[2] DAMODARAN A. Damodaran on valuation： security analysis for investment and corporate finance [J]. Journal of Finance， 2006 (2)：751–754.

[3] DAMODARAN A. The dark side of valuation [M]. FT Press， 2001.

[4] GILDER G. Metcalfe's Law and legacy [J]. Forbes (ASAP Supplement)， 1993.

[5] METCALFE B. Metcalfe's Law after 40 Years of Ethernet [J]. Computer， 2013， 46 (12)：26–31.

[6] PENMAN S H. Financial statement analysis and security valuation [M]. Osborne McGraw–Hill， 2010.

[7] PENMAN S H. Valuation：the state of the art [J]. Schmalenbach Business Review， 2016， 17 (1)：3–23.

[8] REED D. That sneaky exponential-beyond Metcalfe' s Law to the power of community building [J]. Reeds Law， 1999.

[9] ROHLFS J， VARIAN H. Bandwagon effects in high-technology industries [J]. Information Economics & Policy， 2002， 14 (3)：431–433.

[10] SHARPE W F. Capital asset prices： a theory of market equilibrium under conditions of risk [J]. Journal of Finance， 1964， 19 (3)：425-442.

[11] YOO C S. Beyond network neutrality [J]. Social Science Electronic Publishing， 2005， 19 (1) .

[12] ZHANG X Z， LIU J J， XU Z W. Tencent and facebook data validate Metcalfe' s Law [J]. Journal of Computer Science & Technology， 2015， 30 (2)：246-251.

[13] 安翔.梅特卡夫模型在企业估值中的运用 [D]. 上海：上海国家会计学院，2017.

[14] 曾东华.网络社交平台类企业价值评估方法研究 [D]. 南昌：江西财经大学，2016.

[15] 陈玉罡，孙晶，张杨，等.并购与估值：精选案例分析 [M]. 大连：东北财经大学出版社，2017.

[16] 谌鹏，郑伟一，浦槟岩.非财务指标对IPO估值影响分析——以TMT和互联网企业为例 [J]. 中南财经政法大学学报，2013 (3)：115-120.

[17] 谌鹏.非财务指标对上市公司估值及后市表现影响——以TMT和互联网企业为例 [J]. 宏观经济研究，2013 (12)：92-99.

[18] 崇罡.网络直播平台估值方法研究 [D]. 北京：首都经济贸易大学，2017.

[19] 范声焕.基于齐普夫法则的互联网企业估值研究——以“东方财富”为例的分析 [J]. 湖北经济学院学报：人文社会科学版，2016 (8)：55-56.

[20] 冯耕中，吴月琴，于洋.新兴网络企业价值评估研究述评 [J]. 预测，2003 (5)：66-70.

[21] 侯继勇，唐岩.如何突破陌生人的世界? [N]. 21世纪经济报道，2015-05-15 (19) .

[22] 李岱桐.互联网企业估值方法与应用 [D]. 北京：北京交通大学，2016.

[23] 李然.基于关键价值因素相似度的互联网企业价值评估 [J]. 财会通讯，2017 (17)：74-77.

[24] 马越.互联网企业财务估值方法研究 [D]. 北京：对外经济贸易大学，2016.

[25] 石海娥，唐岩.重建陌陌 [J]. 光彩，2015 (2)：38-39.

[26] 孙冰.唐岩：不随波，保持野蛮生长 [J]. 中国经济周刊，2014 (49)：72-73.

[27] 孙骏.互联网企业估值方法的研究 [D]. 上海：上海交通大学，2015.

[28] 赵艳.网络公司价值评估浅析 [J]. 系统工程，2001 (1)：75-78.

致　谢

本书终于付梓出版了。通过10年的历练，我对价值投资的认识越来越深入，对估值的理解也越来越透彻。第一，我想感谢的是巴菲特将价值投资的理念带到了中国，其理念的传播为投资者真正打开了投资的大门。第二，要感谢中山大学管理学院财务与投资系汤光华老师在我刚进入中山大学时就将“财务报表分析与证券定价”这门课的上课任务分派给了我，如果没有这门课，我对估值不可能有深刻的理解。第三，要感谢斯蒂芬·H.佩因曼教授编写了《财务报表分析与证券定价》这么好的教材，这本书开启了估值的大门，我们学院还曾经请佩因曼教授来做过讲座，只可惜我们仅仅在午餐时做过短暂的交流。第四，要感谢选这门课的学生们，正是他们好学好问、刨根问底的精神，才逼着我不断去弄清楚每一个细节。每上一次课，我自己也提升不少，对某个问题的理解会再上一个层次。第五，要感谢我微信朋友圈的朋友们，正是因为我在朋友圈分享了一条微信，在朋友们的众筹下我们启动了“价值投资领袖班”这个项目，目前已连续滚动开设了多期，培养了价值投资领袖数百人，也正是因为这个班的开设，才推动了ValueGo估值机器人的诞生。缘分有时候总是那么妙不可测，没有这些缘分，不可能有今天的ValueGo。第六，要感谢 ValueGo 团队成员冯伟、王斌、王健、王伟、秦丽、刘彧、黎江，没有他们的辛勤付出和智慧的光芒，我们也不可能走到现在。第七，要感谢为 ValueGo 付出过心血的工作人员和实习生，包括傅豪（“价值投资领袖班”组织者之一）、曹攀峰（上海证券报记者）、黄雅洁（央视财经记者）、苏照宇（央视财经摄影师）、石真珍（东北财经大学出版社编辑）、周晗（东北财经大学出版社编辑）、冯嘉慧、杜杏琳、陈俊杰、张璇、胡力丹、卢思琳、覃玥、张扬帆、严斯虹、洪怡柔、林泺恒、张梓煜、周小力、莫昕、叶青青、陈奕诗、周俊江、钟姿华，没有他们一点一滴的付出，ValueGo 的成长不会这么快。第八，要感谢 ValueGo 的用户对我们提出的很多建议和完善需求，这些宝贵的建议和需求让 ValueGo 能不断优化、成长。第九，要感谢中山大学提供了一个广阔的舞台，让我们得以在这个舞台上迅速成长，同时感谢广东省研究生教育创新计划项目（2017SFKC01）、中山大学重大项目和前沿新兴交叉学科培育资助计划（17wkjz03）、中山大学 2018 年校级本科教学质量工程教材建设项目的资助。最后，感谢家人和孩子的支持，让我得以心无旁骛地研究和工作，虽工作压力不断增加，但他们的支持可以让我将工作压力转换为源源不断的动力！

陈玉罡

2018 年 10 月